Aprende a tomar decisiones

Un juego para dominar tus dudas, miedos y emociones

NUEVA EDICIÓN REVISADA

José Ignacio Méndez

Aprende a tomar decisiones

UN JUEGO PARA DOMINAR TUS DUDAS, MIEDOS Y EMOCIONES

José Ignacio Méndez

© 2026, Todos los derechos reservados

Tabla de contenido

Aprende a tomar decisiones 2
PRÓLOGO: EL JUEGO AL QUE NADIE TE ENSEÑÓ A JUGAR 5
CAPÍTULO 1. ORGANIZACIÓN 14
    EL ARTE DE DEJAR DE HACER EL TONTO CON TU TIEMPO 14
CAPÍTULO 2. TRABAJAR LA MENTE 25
    EL ARTE DE LA GUERRA EN ZAPATILLAS DE ESTAR POR CASA 25
CAPÍTULO 3. JUGAR A VIVIR 37
    LA RULETA RUSA DE LAS DECISIONES Y EL ARTE DE TOMAR EL MANDO 37
CAPÍTULO 4. LAS REGLAS DEL JUEGO 48
    EL MECANISMO SECRETO PARA DESBLOQUEAR TU MENTE 48
CAPÍTULO 5: 60
    Empieza el juego 60
CONCLUSIONES 92
    EL DÍA 32 (O POR QUÉ ESTO NO HA ACABADO AQUÍ) 92
GLOSARIO: EL DICCIONARIO PARA MOVERSE POR EL TABLERO 98
SOBRE EL AUTOR 107
    EL HOMBRE DETRÁS DEL TABLERO 107
BIBLIOGRAFÍA RECOMENDADA 113

PRÓLOGO: EL JUEGO AL QUE NADIE TE ENSEÑÓ A JUGAR

Ponte cómodo. Si tienes un café a mano, dale un sorbo; si no, relaja los hombros, respira hondo y acompáñame. Estás a punto de empezar una partida, y quiero asegurarme de que entiendes las reglas antes de que se repartan las cartas.

Desde que tenemos uso de razón, hemos escuchado esa frase manida, casi de manual de azucarillo: *"La vida es un juego"*. Suena romántico, ¿verdad? Suena a algo divertido, a tardes de domingo, a dados rodando sobre un tablero y a risas compartidas. Pero seamos brutalmente honestos: si la vida es un juego, es uno para el que nadie nos entregó el manual de instrucciones al nacer. Nos lanzaron al tablero, nos dieron unas cuantas fichas emocionales, un tiempo limitado que no deja de correr en el reloj y nos dijeron: *"¡Hala, a jugar y que gane el mejor!"*. Y claro, las consecuencias de no haber jugado de la forma correcta, de haber movido la ficha equivocada en el momento menos oportuno, pueden llegar a ser bastante desagradables. A veces, devastadoras.

Durante toda nuestra vida, nuestros mayores, con esa sabiduría ancestral que da el haber tropezado mil veces con la misma piedra, siempre nos han repetido un mantra inquebrantable: *"Hay que pensar las cosas antes de hacerlas"*. Mi abuelo lo decía. Tu abuela seguramente también. Y tú, probablemente, se lo estés diciendo ahora a tus hijos o a tus amigos. Es un consejo universal, indiscutible, aplastantemente lógico.

Pero, amigo mío, la teoría es preciosa y la práctica es un campo de minas. Pensar antes de actuar no es algo fácil. De hecho, a veces parece una misión imposible. Y no porque seamos torpes o nos falte inteligencia, sino porque venimos de fábrica con un sistema operativo que tiene otros planes para nosotros. Nuestros instintos primarios, esa herencia evolutiva que nos salvó de ser el almuerzo de un tigre de dientes de sable hace miles de años, nos llevan muchas veces a lanzarnos a lo loco y sin pensar.

Déjame ponerme un poco técnico por un segundo, pero prometo no sonar como un académico aburrido (al fin y al cabo, soy coach, no neurólogo ni psicólogo clínico, y me gusta que nos entendamos como personas de a pie). Tenemos en nuestra cabeza algo que los expertos llaman la amígdala, una especie de alarma antiaérea emocional. Cuando sentimos miedo, duda, enfado o una atracción irresistible, esa alarma suena y nuestro cerebro más primitivo toma el volante. Es rápido, es furioso y no tiene tiempo para reflexionar. Es el famoso "Sistema 1" del que habla el premio Nobel Daniel Kahneman: un pensamiento rápido, automático e impulsivo. Este sistema es genial para apartarte de un salto si viene un coche a toda velocidad, pero es un desastre absoluto cuando lo usas para responder a un correo electrónico de tu jefe estando enfadado, para decidir si te casas, o para elegir qué rumbo profesional tomar.

Ese instinto primitivo es el que nos hace saltar al vacío sin comprobar si llevamos paracaídas, creando situaciones de las que, más adelante, nos va a costar horrores salir. Nos convertimos en rehenes de nuestros propios impulsos. Compramos cosas que no necesitamos con dinero que no tenemos para impresionar a gente que no nos importa; decimos barbaridades a quienes más queremos solo porque nuestro ego se sintió herido un martes por la tarde; o nos quedamos paralizados en trabajos que odiamos por miedo a un futuro incierto.

Imagina por un instante el poder abismal que tendrías si consiguiéramos algo aparentemente sencillo: ser capaces de retener nuestros impulsos. Imagina encontrar ese microsegundo mágico, ese pequeño espacio en blanco entre el estímulo (lo que te pasa) y la respuesta (lo que tú haces). El psiquiatra y superviviente del Holocausto, Viktor Frankl, lo definía de una forma magistral: *"Entre el estímulo y la respuesta hay un espacio. En ese espacio está nuestro poder de elegir nuestra respuesta. En nuestra respuesta yace nuestro crecimiento y nuestra libertad"*.

Si lográramos dominar ese espacio, si aprendiéramos a parar el reloj interno y valorar con una claridad milimétrica algunas de las decisiones que tomamos, es estadísticamente seguro que nos evitaríamos tener que arrepentirnos de ellas más adelante. Nos ahorraríamos facturas emocionales carísimas.

Pero aquí viene la trampa de la vida moderna. Pensar y decidir qué tareas debemos hacer, qué batallas luchar y en qué orden ejecutarlas, sin que nos sobrepase el tsunami de situaciones cotidianas, no es algo que se logre solo con "buena voluntad". Requiere cierto entrenamiento. Requiere método. Y, sobre todo, requiere ayuda. No puedes correr una maratón simplemente porque un día te levantes con ganas de hacerlo; necesitas entrenar tus músculos, tus pulmones y tu mente. Del mismo modo, no puedes pretender tomar decisiones maestras de la noche a la mañana si llevas años dejando que tu piloto automático conduzca tu vida.

Este libro nace exactamente para eso. No es una varita mágica, ni una bola de cristal, ni un manual de autoayuda barato que te promete la felicidad eterna en tres cómodos pasos. Si buscas eso, te invito a que lo devuelvas a la estantería. Este libro aporta precisamente un punto de apoyo, sólido y real. Es como el consejo de ese amigo que valoramos profundamente; ese amigo que no te dice lo que quieres oír para regalarte los oídos, sino el que te sienta frente a un café, te mira a los ojos y te dice lo que *necesitas* oír para despertar.

A través de las páginas que siguen, mi intención es proporcionarte herramientas de arquitectura mental. Posteriormente, una vez que asimiles esta base, podrás tomar tus propias decisiones con una perspectiva radicalmente distinta, fundamentada en los pensamientos que se han generado a través de este proceso. Porque la neurociencia y la psicología cognitiva nos han demostrado algo fascinante: el cerebro tiene plasticidad. Se moldea. Si cambias las preguntas que te haces, cambias las respuestas que obtienes. Y si cambias tus respuestas, inevitablemente, cambias tu destino.

¿CÓMO VAMOS A JUGAR?

Te propongo un trato. Juguemos. Juguemos a ver qué frase nos toca en cada momento, y juguemos a desarrollarla en base a nuestras propias dudas y preguntas. He diseñado este texto no para que lo leas de carrerilla y lo olvides en un cajón, sino para que interactúes con él. Es un ente vivo.

A lo largo de mis años como coach, con decenas de libros a mis espaldas y miles de horas escuchando a personas que, igual que tú y que yo, lidian con sus monstruos internos, me he dado cuenta de una verdad universal: las respuestas ya están ahí. Todas y cada una de las soluciones a tus dilemas más profundos residen en tu interior. El problema es que vivimos con tanto ruido —notificaciones, redes sociales, expectativas de terceros, estrés financiero— que hemos olvidado cómo escucharnos. Sólo hay que saber encontrar esas respuestas, y este libro es una guía, un mapa del tesoro, para llegar al lugar exacto donde se encuentran guardadas bajo llave.

El estoicismo, una filosofía milenaria que hoy es más actual que nunca, nos enseña que no podemos controlar lo que ocurre a nuestro alrededor (la economía, la opinión de los demás, el tráfico o las pandemias), pero tenemos un control absoluto sobre cómo reaccionamos ante ello. Séneca o Epicteto nos dirían que el sufrimiento no viene de los hechos en sí, sino de la interpretación que hacemos de esos hechos. Y ahí es donde entra tu capacidad de decisión. Este juego consiste en recuperar el control del mando a distancia de tu mente.

SI TE PIERDES EN EL BOSQUE, AQUÍ ESTOY

Es muy probable que durante este proceso de disección mental te encuentres con muros. Momentos en los que digas: *"Jose, esto suena genial en el papel, pero en mi vida es un caos y no sé por dónde tirar"*. Es normal. Si tienes dudas sobre cómo realizar alguno de los procesos, si sientes que te atascas en una de las reflexiones, quiero que sepas que no estás solo frente al papel impreso. Escríbeme. Si quieres, podremos mantener conversaciones o realizar sesiones sobre ese tema en concreto que te está quitando el sueño.

¿Y si después de leer, de aplicar y de jugar, sientes que quieres ampliar información? ¿Qué pasa si descubres que quieres llegar más lejos, más profundo, a ese sótano de tu mente donde guardas tus verdaderos motores de acción?

Entonces ya hablaríamos de sesiones de Coaching con mayúsculas. En ese terreno podremos ampliar información de forma quirúrgica y personalizada, y estructurar respuestas mucho más amplias y adaptadas exclusivamente a ti. Porque lo que le sirve a tu vecino, quizá a ti te hunda; y lo que a ti te funciona, puede que a otro le parezca una locura.

Permíteme aclararte qué es exactamente el Coaching, por si aún tienes dudas o has escuchado a demasiados "vendehúmos" en internet desvirtuando la profesión. El Coaching es un tipo de aprendizaje expansivo. Es una metodología con la que se amplían las posibilidades de tu visión periférica. A través de él, podrás ver tu realidad tal cual es (sin los filtros del victimismo o de la falsa positividad), entenderla de raíz, al tiempo que te permite construir nuevas formas de ser y de hacer.

El objetivo no es que te conviertas en un monje budista que levita sobre los problemas, sino que seas una persona terrenal y pragmática que puede conseguir los resultados que *realmente* importan en su vida. Ya sea mejorar tu negocio, encontrar paz en tus relaciones, o simplemente dejar de sentir que el tiempo se te escapa como arena entre los dedos.

Este sistema, este acompañamiento, te va a guiar en un proceso de cambio o desarrollo para conseguir objetivos que, por ti mismo y en soledad, serían complicados (por no decir agotadores) de alcanzar. Pero ojo a esto, que es fundamental: el Coaching no sólo te enseña "cómo" hacerlo. Su magia principal radica en que te muestra, como un foco de mil vatios en una habitación oscura, qué te está frenando o qué te está faltando. A veces no avanzamos no porque nos falte motivación, sino porque llevamos el freno de mano puesto sin darnos cuenta en forma de creencias limitantes.

Como Coach, quiero dejarte algo cristalino desde esta página cero: **no te voy a aconsejar**. No te voy a decir lo que tienes que hacer con tu matrimonio, ni con tus finanzas, ni con tu carrera. ¿Quién soy yo para decidir por ti? Si hiciera eso, te estaría robando tu poder y creando dependencia. Seré, en cambio, parte de tu proceso de crecimiento a través de la herramienta más poderosa que existe: la conversación estratégica.

Es decir, te acompañaré en tu camino, caminando a tu lado, aportando ayuda y claridad en los momentos críticos en los que debes tomar decisiones, pero sin influenciarte. Mi trabajo, y a veces me odiarás un poquito por ello (con cariño, claro), es ser un provocador profesional. Siempre te estaré generando dudas útiles, mostrándote puntos de vista diametralmente distintos y ayudándote a construir procesos sólidos. Estas preguntas incómodas te harán valorar, con una exactitud que ahora mismo te parecerá magia, los caminos que tienes delante. Te ayudaré a ver el tablero completo, no solo la casilla en la que estás atrapado.

Si todo esto resuena contigo y quieres más información para llevar tu vida al siguiente nivel, tan sólo debes escribirme a través del enlace de contacto de mi web o mis redes:

www.joseignaciomendez.com

Mi puerta siempre está abierta para quienes están dispuestos a trabajar en sí mismos.

Pero de momento, no nos adelantemos. Tienes en tus manos el inicio del camino. Has tomado la primera decisión correcta del día: abrir este libro. Ahora respira, prepárate para cuestionarte unas cuantas cosas que dabas por sentadas y, sobre todo...

A disfrutar del libro. El juego está a punto de empezar. Y créeme, el primer nivel, el de la Organización, va a sacudir un poco tus excusas favoritas.

Pasa la página. Te espero en el Capítulo 1.

CAPÍTULO I. ORGANIZACIÓN

EL ARTE DE DEJAR DE HACER EL TONTO CON TU TIEMPO

"No tengo tiempo para nada".

Párate un segundo y piénsalo. ¿Cuántas veces has pronunciado esta frase en la última semana? ¿Cuántas veces la has escuchado hoy mismo en la boca de un compañero de trabajo, de tu pareja o del panadero? Serían absolutamente incontables la cantidad de veces que hemos soltado esta sentencia al aire. Se ha convertido en una afirmación tan común en nuestra sociedad que casi parece un saludo oficial. Nos cruzamos por la calle y, en lugar de decir "buenos días", decimos "voy a tope, no me da la vida". Y nos quedamos tan anchos. Hemos convertido el estrés y la falta de tiempo en una especie de medalla al mérito, como si estar desbordados nos hiciera más importantes o más útiles.

Y quizá sea así en tu caso, no lo pongo en duda. Es posible que tengas una agenda que asustaría a un ministro. Sin embargo, permíteme que ejerza mi papel de Pepito Grillo por un momento, porque estoy firmemente convencido de que hay distintos puntos de vista para cada una de las personas que han entonado ese lamento.

Te voy a decir una frase que, te lo advierto, tiene trampa. Léela despacio: *"La gran mayoría de las veces perdemos tanto tiempo pensando en que no tenemos tiempo, que no nos damos cuenta de la facilidad con que el tiempo se pierde cuando creemos que no tenemos el tiempo suficiente"*.

No he querido hacer un trabalenguas barato, aunque más de una persona me ha dicho que lo parece. ¡Y la verdad es que lo parece! Pero léelo de nuevo. He querido, simple y llanamente, dejar constancia de lo absurdamente fácil que es liarnos con nosotros mismos, pensando ingenuamente en que no queremos liarnos. Nos sentamos en el sofá, resoplamos, miramos el reloj y empezamos a agobiarnos por todo lo que no estamos haciendo. Y en ese agobio, en esa parálisis por análisis, se nos escapan veinte minutos, media hora, una hora entera. Tiempo que podríamos haber invertido en despachar esa tarea que nos martiriza, o, por qué no, en descansar de verdad.

Hace ya más de dos mil años, el filósofo estoico Séneca escribió un pequeño tratado llamado *De la brevedad de la vida*. El tipo, que de tonto no tenía un pelo, venía a decir que no es que tengamos poco tiempo para vivir, sino que desperdiciamos una cantidad ingente en soberanas tonterías. Tenía razón entonces y tiene razón ahora. Tenemos exactamente las mismas veinticuatro horas al día que tuvo Leonardo da Vinci, Marie Curie o el tipo que inventó la rueda. La única diferencia, la frontera absoluta entre el caos y la paz mental, radica en cómo gestionamos ese capital. Y aquí es donde entra la palabra mágica, la gran bestia negra a la que todo el mundo teme: la priorización.

LA CARNICERÍA DE LA PRIORIZACIÓN

Uno de los motivos fundamentales por el que a veces parece que no nos queda tiempo para nada, no es que el reloj corra más rápido, es la absoluta y rotunda falta de un sistema de priorización. No se trata de inventarme palabras raras para sonar interesante; el priorizar es una tarea que debería estar a la orden del día en la vida de cualquier adulto funcional. Aunque, si te soy sincero, quizá más que tarea, debería llamarle arte.

Es un proceso fascinante que es pura mezcla de organización, ímpetu, reglas básicas y, sobre todo, buena voluntad. Casi nada, ¿verdad?

Al hablar de priorizar, hablo de algo muy crudo: darle importancia a lo que realmente lo tiene, porque el resto, simple y llanamente, no es importante. Esta es una frase que digo muchísimas veces en mis sesiones. Y ocurre algo curioso: todo el mundo, sin excepción, suele estar de acuerdo con lo que significa. Asienten con la cabeza, me dan la razón y ponen cara de haber descubierto la penicilina. Pero a la hora de la verdad, muy pocas personas son verdaderamente capaces de llevarla a la práctica.

¿Por qué? Porque priorizar implica renunciar. Implica mirar a la cara a un montón de tareas que te hacen sentir productivo (como contestar correos intrascendentes, ordenar el cajón de los bolígrafos o hacer scroll infinito en redes sociales buscando "inspiración") y decirles: "Vosotras no sois importantes hoy". Y eso, amigo mío, al cerebro no le gusta. A nuestro cerebro le encanta tachar cosas fáciles de la lista para segregar un chorrito rápido de dopamina.

Como los que me conocéis ya sabéis que me paso la vida preguntando cosas (es deformación profesional), voy a hacer gala de mi fama. Voy a lanzar al aire algunas preguntas que quizá sirvan para confirmar la teoría de que, en el fondo, somos un desastre organizativo:

1. ¿Somos capaces de asignar a cada situación, a cada problema, a cada tarea de nuestra vida, una puntuación real en importancia? Por ejemplo, del 1 al 10.
2. Una vez que hayamos asignado esa puntuación de importancia con total honestidad (sin autoengaños), ¿seríamos capaces de ordenarlas de menos puntuación a más puntuación sobre el papel?
3. Y una vez que esté todo perfectamente ordenado frente a nuestros ojos... ¿Podríamos centrarnos exclusivamente y, en primer lugar, en aquella situación que tuviera más puntuación, ignorando por completo todas las demás hasta resolverla?

Son muchas preguntas, lo sé. Y probablemente muchos lectores, con el ego inflado y llenos de buenas intenciones, indiquen ahora mismo que SÍ podrían hacerlo sin despeinarse.

Yo les digo clara y directamente... NO.

Al menos, "No" al principio. Y que conste en acta que no pretendo enfrentarme a nadie ni dármelas de gurú sabelotodo, pero la experiencia de años lidiando con el comportamiento humano me ha demostrado que son muy pocas las personas que mantienen un sistema correcto y estricto de orden de prioridades. Con lo cual, este texto evidentemente no va dirigido a esa ínfima minoría de mentes privilegiadas que ya lo hacen a la perfección; ellos podrán saltarse este capítulo tranquilamente e irse a dar un paseo. Pero... ¿y si leen algo que pueda ayudarles a perfilar su sistema y pulirlo aún más? Por si acaso, recomiendo esta lectura a TODO el mundo.

Pensemos y analicemos con frialdad, como si estuviéramos observando la vida de otro: una persona que es verdaderamente capaz de priorizar según el sistema que acabo de nombrar, que por lo tanto sabe a ciencia cierta que este sistema podría ser lo mejor para su estabilidad mental y su futuro, ¿no estaría haciéndolo desde hace tiempo?

¡Pues claro que sí!

Pero, seamos honestos: ¿lo está haciendo? La respuesta la tienes tú frente al espejo cada mañana cuando suena el despertador y te asalta la ansiedad por todo lo que tienes pendiente. Porque no todo lo que parece fácil en un papel es fácil en la trinchera del día a día.

EL MITO DEL PULPO MULTITAREA

Aquí me voy a poner un poco serio, apoyándome en lo que la ciencia nos dice. Aclaro de antemano que no soy psicólogo ni llevo bata blanca de laboratorio, soy Coach. Mi trabajo son los resultados y la realidad del día a día, pero no podemos ignorar cómo funciona la máquina que llevamos sobre los hombros.

Nos han vendido la grandísima estafa del "multitasking" o la multitarea. Nos han hecho creer que somos como pulpos hiperactivos capaces de redactar un informe crucial, contestar un WhatsApp de nuestra madre, pensar en la lista de la compra y escuchar un podcast de economía, todo al mismo tiempo y con una eficiencia del cien por cien. Es una mentira monumental.

La neurociencia cognitiva y las leyes de la productividad humana han demostrado hasta la saciedad que el cerebro humano no puede concentrarse en dos tareas cognitivas complejas a la vez. Lo que hacemos en realidad es "cambio de tarea" (task-switching). Saltamos de una cosa a otra a la velocidad del rayo. Y cada vez que tu cerebro da ese salto, consume una cantidad absurda de glucosa, que es su combustible. Por eso llegas a las seis de la tarde sintiendo que te han apaleado, con la mente espesa y la sensación frustrante de no haber avanzado en lo que de verdad importaba. Has estado muy ocupado, sí, pero no has sido productivo. Has confundido el movimiento con el avance. Correr en una cinta de gimnasio cansa muchísimo, pero no te lleva a ninguna parte.

Para aplicar ese sistema de puntuación del 1 al 10 que te mencionaba antes, necesitas entender la metáfora del malabarista. Imagina que en tu vida diaria estás haciendo malabares con varias pelotas. Algunas son de goma y otras son de cristal. Las tareas de puntuación baja (el correo trivial, la interrupción del compañero que viene a cotillear, el capricho momentáneo) son de goma. Si se te caen, rebotan. No pasa nada grave. Pero las tareas de puntuación 9 o 10 (tu salud, un proyecto clave para tu futuro, una decisión financiera crítica, tu relación de pareja) son pelotas de cristal. Si dejas caer una de esas por estar prestando atención a las de goma, se hace añicos. Y recomponer el cristal es doloroso y, a veces, imposible.

Por eso te preguntaba si serías capaz de centrarte EXCLUSIVAMENTE en la situación que tiene más puntuación. Porque requiere el valor de dejar caer deliberadamente un par de pelotas de goma.

EL ARTE DE SER UN PREGUNTÓN EMPEDERNIDO

¿A que hago muchas preguntas? Es posible que ya te estés dando cuenta del patrón.

Preguntar me parece una de las formas más simples, elegantes y económicamente rentables de aprender lo que no sé, y de adquirir unas respuestas sólidas a las inmensas dudas que tengo. Es el filtro definitivo contra la propia estupidez.

Si algo no lo tengo claro, pregunto. Si algo lo desconozco, pregunto. Si me pierdo, pregunto. Si necesito orientación, pregunto.

Os invito, de corazón, a probarlo. ¡Puede resultar tremendamente divertido! Vivimos en una sociedad donde parece que preguntar es síntoma de debilidad o ignorancia. Preferimos dar vueltas en el coche durante cuarenta minutos antes de bajar la ventanilla y preguntar por una dirección, solo por no admitir que no tenemos ni idea de dónde estamos. Llevamos esa misma cabezonería a nuestra gestión de la vida. No nos atrevemos a preguntarnos a nosotros mismos: *"Oye, ¿esto que estoy haciendo ahora mismo, de verdad es un 10, o estoy evitando hacer lo que realmente importa porque me da miedo o pereza?"*.

Hazte preguntas incómodas. Cuestiona tus propias excusas. Cuando te escuches a ti mismo diciendo "no tengo tiempo", respóndete de inmediato: "¿No tengo tiempo o simplemente no es mi prioridad en este momento?". La honestidad escuece un poco al principio, pero luego desinfecta.

LA REGLA DE LOS 90 DÍAS PARA LOS CABEZONES

Y ahora volvamos a lo nuestro. Crear una rutina, una costumbre de hierro, un sistema en el cual seamos capaces de priorizar según ese esquema de puntuación y foco absoluto, lleva un tiempo. No te voy a vender humo ni a decirte que con leer este capítulo mañana serás un maestro ninja de la productividad.

Ya sabemos todos que los supuestos expertos en conducta, esos que escriben artículos en revistas de moda, recomiendan (aproximadamente) estar haciendo una tarea durante veintiún días o un mes para que se convierta mágicamente en un hábito. Seguro que lo has escuchado.

Yo, con todo el respeto, más bien diría que son (aproximadamente) tres meses.

Esta afirmación no la saco de la manga, la digo porque mi experiencia diaria en el trato con seres humanos reales, con sus problemas, sus miedos y sus inercias, me hace pensar que todos somos muy, pero que muy "cabezones". Nos cuesta horrores salir del camino que nos hemos marcado, de la rodera profunda que hemos creado a base de repetir los mismos patrones durante años. Y lo más irónico de todo es que nos resistimos al cambio ¡incluso aunque sepamos a ciencia cierta que el camino que llevamos no es el correcto! Preferimos la comodidad de lo malo conocido a la incertidumbre del esfuerzo nuevo. Es biología pura: nuestro cerebro busca la homeostasis, el ahorro de energía. Pensar y cambiar gasta energía, dejarse llevar por la rutina es gratis.

Sea como sea, se tarde un mes, tres meses o un semestre, hay algunas cosas innegociables que hay que tener meridianamente claras si de verdad quieres que esto funcione y no se quede en un simple libro más cogiendo polvo en la estantería:

La primera norma es inquebrantable: Hay que empezar YA, y contar desde el día 1. Y grábate esto a fuego: el día 1 no es mañana, ni el próximo lunes, ni el uno de enero. El día 1 es HOY. Mañana es el cementerio donde van a morir todas las buenas intenciones. Si tu mente te dice "empiezo mañana", te está tendiendo una trampa miserable para aliviar la presión del presente. No caigas.

La segunda norma es que debemos tener una fuerza de voluntad tan preparada y afinada como si fuéramos a hacer una dieta estricta. Pero me explico para que no haya malentendidos: no vamos a tener carencias vitales, todo lo contrario. La organización no te quita libertad, te la regala. Sin embargo, cambiar una costumbre adquirida desde hace décadas es duro, muy duro. El rozamiento inicial es brutal. Por eso debemos tener el total y absoluto convencimiento de la inmensa satisfacción que obtendremos al conseguirlo. Imagina irte a la cama sabiendo que dominas tu agenda y no que tu agenda te domina a ti. Ese es el premio.

Hay que estar convencidos hasta la médula de que la organización y la prioridad son fundamentales en nuestra vida, y que lo necesitamos tanto como necesitamos unos zapatos sólidos para caminar por un terreno pedregoso. Si no somos capaces de decir en voz alta un gran "SÍ" a esa decisión, si todavía estamos con medias tintas o buscando atajos, es mejor que no empecemos. Guarda el libro. Ya llegará tu momento. Cada cosa tiene su tiempo en la vida, y forzar la maquinaria cuando uno no está dispuesto a sudar la camiseta solo genera frustración.

Pero si has llegado hasta esta línea, si has decidido que ya está bien de ir apagando fuegos y viviendo a salto de mata, entonces prepárate. Porque para ejecutar este sistema de priorización, para distinguir las pelotas de cristal de las de goma, para no dejarte engañar por tu propia mente... vas a necesitar algo más que una agenda bonita o una aplicación en el móvil.

Vas a tener que usar una herramienta que, por desgracia, está cada vez más en desuso en nuestra era del ruido constante y la distracción instantánea.

Vas a tener que parar. Y, además, vas a tener que pensar.

Pasa la página. Te espero en el Capítulo 2. Vamos a encender los motores de verdad.

CAPÍTULO 2. TRABAJAR LA MENTE

EL ARTE DE LA GUERRA EN ZAPATILLAS DE ESTAR POR CASA

¡Sí... pensar!

Parece mentira que tengamos que dedicar un capítulo entero a algo que, en teoría, viene de serie con el ser humano. Se supone que somos *Homo sapiens*, el hombre que piensa, la cúspide de la evolución. Pero sal un martes a las ocho de la mañana a cualquier calle concurrida, observa las caras, mira el nivel de estrés, las prisas irracionales y las decisiones absurdas que toma la gente al volante, y dime si realmente crees que estamos usando esa capacidad a pleno rendimiento.

Vamos a ponernos un poco puristas por un segundo. Si buscamos en el diccionario una de las definiciones oficiales de la palabra "pensar", nos topamos con esta maravilla:

"Considerar un asunto con atención y detenimiento, especialmente para estudiarlo, comprenderlo bien, formarse una opinión sobre ello o tomar una decisión".

Léelo otra vez. Despacio. "Con atención y detenimiento". No sé a vosotros, pero leyéndolo de esta forma, a mí me parece que es algo majestuoso. Algo tremendamente importante. Es una habilidad que debería cuidarse como oro en paño y que, francamente, debería practicarse muchísimo más a menudo de lo que lo hacemos. Hoy en día, la mayoría de la gente no piensa; la mayoría de la gente simplemente *reacciona*.

Funcionamos como esas máquinas de *pinball* de los recreativos de los años ochenta. La vida nos lanza una bola plateada a toda velocidad (un problema en el trabajo, una discusión de pareja, un gasto imprevisto) y nosotros nos limitamos a golpear los botones laterales a lo loco para que la bola no se cuele por el agujero. Pimba, pimba, pimba. Luces parpadeando, ruido ensordecedor, puro instinto de supervivencia. Y luego nos extrañamos de terminar el día agotados.

EL MITO DEL AVENTURERO IMPRUDENTE

Antes de que alguien me malinterprete y me tache de aguafiestas, quiero dejar algo sumamente claro: en ningún momento pretendo decir que evitemos la aventura de la vida y los momentos improvisados y locos. ¡Faltaría más! Yo soy el primero al que le encanta vivirlos. La espontaneidad es la sal de la vida. Esa cena que surge sin planear un jueves por la noche, ese viaje de fin de semana decidido en el último minuto o esa carcajada incontrolable por una tontería absoluta. Todo eso es vital.

Sin embargo, hay situaciones, y cada uno de nosotros sabe perfectamente cuáles son en su fuero interno, en las que dejarse llevar por esos instintos salvajes y aventureros probablemente no nos llevará al lugar donde nos gustaría llegar. O peor aún, nos llevará directamente a estrellarnos contra un muro de hormigón a doscientos kilómetros por hora.

No puedes usar la improvisación para decidir si firmas una hipoteca a treinta años. No puedes usar el instinto salvaje para estructurar el plan de viabilidad de tu empresa. Y, desde luego, no puedes dejarte llevar por un calentón emocional para soltarle cuatro verdades a tu pareja en medio de una discusión. Porque el daño colateral de esas "aventuras" de la falta de pensamiento suele pagarse a plazos y con intereses altísimos.

Aquí es donde entra en juego la diferencia monumental entre tener cerebro y saber usar la mente. Como siempre digo, y quiero que quede grabado a fuego: yo no soy psicólogo, ni psiquiatra, ni pretendo serlo. Mi terreno es el Coaching, la acción, el barro del día a día y la consecución de resultados palpables. Pero la neurociencia moderna y la psicología cognitiva, apoyando lo que ya decían los filósofos clásicos, nos enseñan algo fascinante y muy terrenal: tenemos dos formas de procesar el mundo. Una es primitiva, rápida y emocional. La otra es lenta, lógica y analítica.

El problema es que la mente analítica, la que "considera un asunto con atención", consume muchísima energía. Y nuestro cuerpo, que es un ahorrador nato (por no llamarlo vago), prefiere tirar del instinto rápido para no gastar calorías. Por lo tanto, aprender a pensar de verdad, a usar esa parte avanzada de nuestro cerebro, requiere esfuerzo consciente. Requiere entrenamiento. Igual que nadie levanta cien kilos en press de banca el primer día que pisa un gimnasio sin romperse algo, nadie toma decisiones magistrales si no entrena el músculo del pensamiento estratégico.

LA SALA DE MÁQUINAS: EL ARTE DE COGER AIRE

Por lo tanto, aprendamos a pensar. Aprendamos a coger aire.

Parece una tontería, pero el simple acto de respirar con tranquilidad antes de abrir la boca o de pulsar el botón de "enviar" en un correo electrónico, tiene un impacto biológico brutal. Cuando la vida te acorrala y el estrés se dispara, tu cuerpo segrega cortisol y adrenalina. Tu visión se vuelve de túnel. Literalmente, te vuelves más tonto temporalmente porque la sangre se va a tus extremidades para prepararte para correr o pelear, y abandona la corteza prefrontal, que es donde reside el pensamiento lógico.

Respirar con tranquilidad es decirle a tu sistema nervioso: *"Eh, tranquilo, no nos está atacando un oso. Solo es una factura imprevista del taller"*. En ese momento, devuelves el control a la sala de máquinas de tu cerebro. Empiezas a colocar cada cosa en su sitio. Separar el ruido de la melodía.

A lo largo de los años, he visto en mis sesiones a personas brillantísimas, con currículums que marean, ahogándose en vasos de agua diminutos. Y no se ahogaban por falta de inteligencia, sino por falta de pausa. Confundían el "rumiar" con el "pensar". Rumiar es darle vueltas en la cabeza al mismo problema cien veces, sufriendo por lo que pasó o por lo que podría pasar, sin llegar a ninguna conclusión. Es como tener el coche en punto muerto y pisar el acelerador a fondo: haces mucho ruido, quemas mucha gasolina, pero no te mueves del sitio.

Pensar, por el contrario, es direccional. Tiene un inicio, un desarrollo y, sobre todo, un final en forma de decisión.

Para visualizar esto, he estructurado un pequeño esquema táctico. Llámalo, si quieres, "El Ciclo de la Pausa Estratégica". Y te propongo que lo memorices:

ESQUEMA: EL CICLO DE LA PAUSA ESTRATÉGICA

1. **Freno de Emergencia (El Estímulo):** Ocurre el problema o surge la decisión. Prohibido reaccionar en los primeros 10 segundos. Si es un correo, guárdalo en borradores. Si es una discusión verbal, pide un vaso de agua.
2. **Aislamiento del Hecho (La Poda):** Separa lo que ha ocurrido realmente de la película de terror que tu mente está inventando. *Hecho:* Mi jefe me ha pedido rehacer el informe. *Película:* Mi jefe me odia, me van a despedir, acabaré viviendo debajo de un puente. Quédate solo con el hecho.

3. **Análisis de Opciones (El Tablero):** ¿Qué tres respuestas diferentes puedo dar a esta situación? Nunca te quedes con la primera (suele ser la impulsiva) ni con la segunda (suele ser la sumisa o evasiva). La tercera suele requerir pensamiento real.
4. **Valoración de Daños y Beneficios (La Báscula):** Si elijo la opción A, ¿cuál es el peor escenario posible? ¿Puedo asumirlo?
5. **Ejecución Firme (El Disparo):** Una vez decidido, se actúa sin mirar atrás y asumiendo la responsabilidad completa del resultado.

Y después de realizar este proceso, y de tener el total convencimiento de haber hecho (mentalmente) todo lo que debíamos… ¡Al ataque!

EL ARTE DE LA GUERRA EN TU DÍA A DÍA

Ahí es donde entra la pasión. ¡Luchemos por nuestro objetivo, ataquemos a los muros que se nos pongan por delante, no nos rindamos jamás!

Fíjate que no digo que la vida deba ser un mar en calma donde nos dediquemos a oler flores y recitar mantras. Para nada. La vida tiene mucho de batalla. Hay que pelear por lo que uno quiere, ya sea un ascenso, la estabilidad familiar, la salud o la propia paz mental, que a veces es la guerra más sangrienta de todas. Pero no podemos ir a la guerra como un pollo sin cabeza.

Esto es, pura y duramente, el arte de la guerra llevado al día a día. Sun Tzu, el legendario estratega militar chino, escribió en su famoso tratado hace más de dos mil quinientos años: *"Los guerreros victoriosos ganan primero y luego van a la guerra, mientras que los guerreros derrotados van primero a la guerra y luego buscan ganar"*.

Piénsalo bien, porque es una frase demoledora. La victoria se decide en la tienda de campaña, sobre el mapa, antes de desenvainar la espada. Si tenemos una situación o una decisión compleja que solucionar, primero planteemos una estrategia antes de actuar. Analiza el terreno. Conoce tus fuerzas y tus debilidades reales, no las que tu ego te quiere contar. ¿Tienes recursos para aguantar este tirón? ¿Tienes el apoyo necesario? ¿Cuál es tu línea roja, ese punto en el que debes retirarte para no perderlo todo?

Una vez repasado el plan de arriba a abajo, habiendo preguntado todo lo que no sabemos (recuerda la importancia de ser un preguntón que veíamos en el capítulo anterior) y asegurándonos, en la medida de lo posible, de que el riesgo se minimiza, procedemos a la acción. Con toda la artillería. Sin medias tintas.

LA METÁFORA DE LA QUINIELA Y LAS PROBABILIDADES

Llegados a este punto, es probable que la mente te esté jugando una mala pasada y te lances una pregunta tramposa. Es la gran duda que paraliza al noventa por ciento de la población. La pregunta es:

"Jose, y si hago todo esto... si me siento, respiro, aplico el Ciclo de la Pausa Estratégica, analizo el terreno como Sun Tzu y trazo un plan perfecto... ¿Saldrá bien seguro? ¿Me garantizas que tomaré la decisión correcta?"

Te voy a responder con la honestidad brutal que nos hemos prometido en este libro: No lo sé.

No lo sé, ni creo que lo sepa nadie en todo el planeta. Si alguien, sea un gurú de internet con traje caro o un iluminado en una montaña, te garantiza que sus consejos tienen un cien por cien de efectividad y que eliminarán el fracaso de tu vida, agárrate la cartera y sal corriendo, porque te están estafando.

Vivimos en un universo caótico, lleno de variables que escapan a nuestro control. Una pandemia global, una crisis económica repentina, el libre albedrío de las personas que nos rodean, o simplemente que ese día el universo decidió que tocaba lluvia. El estoicismo, mi gran filosofía de cabecera, lo deja clarísimo a través de Epicteto: *"No pretendas que los sucesos sucedan como quieres, sino quiere los sucesos como suceden y vivirás sereno"*. Tú solo controlas el proceso, jamás el resultado final al cien por cien.

Pero —y este es el "pero" más grande e importante de todo este libro— lo que sí tengo dolorosamente claro es que, si aplicas este método de pensamiento, las probabilidades de éxito serán abrumadoramente mayores.

El equivalente más claro, más nuestro, podría ser jugar a la quiniela de toda la vida.

Imagina que bajas a la administración de loterías de tu barrio a echar la quiniela del fin de semana. Puedes hacerla con apuestas simples. Es decir, marcas un "1", una "X" o un "2" en cada casilla, completamente a ciegas, dejándote llevar por la intuición, por los colores de la camiseta del equipo o porque tu primo te ha dicho que el equipo local está fuerte. Es rápido, es barato (en términos de esfuerzo mental) y, oye, siempre puede sonar la flauta. Pero las probabilidades de que aciertes el pleno al quince son ínfimas. Prácticamente un milagro. Estás dejando tu futuro en manos del puro y duro azar.

Ahora, imagina que te lo tomas en serio. Te sientas durante la semana, estudias las estadísticas, miras quién juega en casa, qué jugadores estrella están lesionados, el histórico de enfrentamientos entre esos dos equipos, si va a llover y el campo va a estar pesado... y en base a esa información (tu estrategia), rellenas las casillas. Y no solo eso, sino que en los partidos más inciertos, decides invertir un poco más de tus recursos e incluyes dobles y triples. Cubres más terreno. Te preparas para distintos escenarios.

¿Esta segunda opción te garantiza matemáticamente hacer el pleno al quince y hacerte millonario? No. La pelota puede pegar en el palo en el minuto noventa y arruinarte la casilla. No garantiza el pleno, pero las posibilidades aumentan muchísimo. Estás jugando con la estadística a tu favor, no en tu contra.

Pensar y valorar las acciones a tomar antes de realizarlas no garantiza que salgan bien, pero las posibilidades de acercarnos a lo que deseamos son inmensamente mayores. Dejamos de ser víctimas pasivas de las circunstancias y pasamos a ser jugadores activos con las cartas marcadas (por nuestro propio esfuerzo).

VOLVIENDO AL ORIGEN: LA PRIORIDAD COMO ESCUDO

Y referido al tema de priorizar, que es el cimiento que construimos en el Capítulo 1, el proceso es exactamente el mismo. Todo está conectado.

No puedes priorizar si no sabes pensar, y no puedes pensar con claridad si tu vida es un caos sin prioridades. Son las dos piernas con las que caminamos hacia una vida estructurada.

Si valoramos cada tarea, cada problema y cada pequeña situación que tengamos pendiente, aplicando ese espacio mental para pensar, y le asignamos un valor determinado del 1 al 10 con la máxima honestidad y crudeza... ocurre magia. Literalmente. Y después, si tenemos el coraje (porque hace falta valor) de mantener ese orden estoico a la hora de actuar, ignorando los ruidos de fondo y las pataletas de nuestro ego, nos daremos cuenta de algo fascinante.

El tiempo, ese tirano del que nos quejábamos al principio, cambiará de bando y se pondrá a nuestro favor.

Ya no lo perderemos dando vueltas en círculos. Ya no tendremos esos agobios infernales los domingos por la tarde pensando en la semana que nos viene encima. ¿Por qué? Porque nosotros dominaremos el orden de actuación. Seremos los guionistas de nuestra película, no simples extras esperando a que el director grite "¡Acción!".

Y lo más hermoso de todo este sistema de priorización consciente: si un día nos da la realísima gana de romper la lista, de mandar las tareas a hacer gárgaras y pasarnos la tarde tirados en el sofá viendo una serie mediocre o paseando por la playa sin rumbo fijo... lo cambiaremos. Sin culpa. Sin remordimientos. Porque no será un fallo de nuestro sistema; será nuestra decisión consciente. Habremos pensado y habremos decidido que hoy, la prioridad absoluta número 10, es no hacer absolutamente nada para recargar la mente.

Y esa libertad, amigo mío, la de decidir cuándo atacas y cuándo descansas, es el verdadero premio de este juego.

Hemos organizado el terreno. Hemos entrenado la mente para pensar en lugar de reaccionar. Hemos cargado las armas de la estrategia. Estamos listos.

Pasa la página. Te espero en el Capítulo 3, porque ahora que ya sabemos cómo movernos, vamos a empezar a jugar de verdad. Jugar a vivir. Y te advierto que las preguntas se van a poner mucho más interesantes.

CAPÍTULO 3. JUGAR A VIVIR

LA RULETA RUSA DE LAS DECISIONES Y EL ARTE DE TOMAR EL MANDO

Pasemos ya al motivo principal de este libro. Al meollo del asunto. Al tablero donde nos jugamos los cuartos todos los días. Vamos a hablar del juego.

Pero cuidado, que la palabra "juego" tiene trampa. Cuando somos niños, jugar es nuestra forma principal de entender el mundo, de aprender las reglas de la física, de la sociedad y de la supervivencia. Es un terreno seguro donde fallar no tiene consecuencias fatales. Sin embargo, conforme vamos sumando años y responsabilidades, la palabra "juego" parece que se nos queda pequeña, o peor aún, que se vuelve un término frívolo. "Con las cosas de comer no se juega", nos dicen. Y tienen razón. Pero lo que yo te propongo aquí no es un pasatiempo de domingo por la tarde para matar el aburrimiento.

Es un juego con nosotros mismos. Un ejercicio táctico diseñado milimétricamente para ayudarnos a hilar nuestro pensamiento, para desenredar esa maraña de dudas que se nos forma en la cabeza y que nos orientará hacia un sentido o hacia otro. No es exactamente un juego de azar, aunque reconozco que, si entras en la dinámica, podría llegar a ser igual de divertido que lanzar los dados en un casino. La gran diferencia es que aquí, la casa no siempre gana. Aquí, si aprendes las reglas, ganas tú.

EL SÍNDROME DE LA MONEDA AL AIRE

Hagamos un viaje en el tiempo. Recuerdo que, en mi niñez, o quizá algo más mayor, en esa etapa de la adolescencia donde todo parece un drama de época, había veces en las que tomaba decisiones con el método más sofisticado que la humanidad ha inventado para evitar la fatiga mental: tiraba una moneda al aire.

Seguro que tú también lo has hecho. Colocas la moneda en el pulgar, la lanzas hacia arriba viendo cómo da vueltas sobre sí misma y, según saliera cara o cruz, el destino quedaba sellado.

- ¿Debo salir esta noche o me quedo en casa? Cara, salgo; cruz, me quedo.
- ¿Debo estudiar primero matemáticas o intentar descifrar a Kant en los apuntes de filosofía?
- ¿Me armo de valor y le pido una cita a "fulanita" que me quita el sueño?
- ¿Me corto el pelo al ras o me lo dejo largo para parecer más rebelde?
- ¿Me gasto mis ahorros en la camisa de marca o en el pantalón?

- Y a medida que crecíamos, la moneda tenía que lidiar con pesos más pesados: ¿Quiero ser arquitecto, abogado, o lo mando todo a paseo y me hago cocinero?

Y así podríamos seguir llenando páginas con innumerables situaciones, dilemas existenciales de andar por casa con los que nos hemos encontrado todos y cada uno de nosotros. Y que nadie diga lo contrario. Que nadie se ponga ahora la capa de intelectual y me diga que él siempre analizaba sus decisiones con una hoja de cálculo, porque nadie se libra de estas disyuntivas de la vida.

Vistas estas preguntas años después, con las canas (o la falta de pelo) que nos adornan, llegan a parecer absolutamente absurdas. Miramos hacia atrás, recordamos aquellas tardes de angustia decidiendo si comprar la camisa azul o la roja, y pensamos: *"¡Qué tonterías preguntaba! ¡Qué problemas más ridículos tenía!"*.

Pero, claro... qué fácil es hablar a toro pasado. Visto desde hoy, desde la comodidad del presente, ya sabemos las respuestas a aquellas preguntas. Ya sabemos que la camisa azul encogió al primer lavado, que la chica nos dijo que no (o que sí, y fue un desastre tres meses después), y que la filosofía, al final, nos sirvió para entender un poco mejor este loco mundo. Sabiendo el final de la película, el suspense desaparece. ¡Así no tiene gracia!

Sin embargo, seamos justos con nuestro "yo" del pasado. En aquel momento de indecisiones, aquellas respuestas eran de vital importancia para nosotros. Eran nuestro mundo entero. Nuestro cerebro, que en la adolescencia es un festival de hormonas y conexiones neuronales a medio hacer, vivía aquellas elecciones con la intensidad de quien tiene que desactivar una bomba nuclear cortando el cable rojo o el azul.

Y aquí viene la gran reflexión de este punto: una persona bien entrenada en el procedimiento del pensamiento estratégico, un adulto con las herramientas adecuadas (o un buen mentor al lado), podría haberse hecho las preguntas adecuadas y descubrir el hilo conductor de la situación.

En lugar de lanzar la moneda, podría haber averiguado, lo primero y principal, *por qué* se estaba creando esa disyuntiva en su mente. ¿Era miedo al rechazo lo que le impedía pedir la cita? ¿Era presión familiar lo que le empujaba a estudiar arquitectura cuando en realidad amaba los fogones? Si logras desenmascarar el "por qué", posteriormente es infinitamente más fácil saber *qué* valorar para tomar una decisión u otra.

Pero en ese momento, siendo jóvenes e inexpertos, simplemente no sabíamos. O, para ser más exactos, no podíamos. No teníamos las herramientas mentales desarrolladas.

EL MITO DEL ADULTO INFALIBLE (O CÓMO TODOS IMPROVISAMOS EN TRAJE)

Lo más divertido de todo este asunto, la gran ironía de la existencia humana, es que las personas adultas, esas que se supone que tienen una vasta experiencia en la vida, hipotecas pagadas y cargos rimbombantes en las empresas... muchas veces tampoco pueden tomar decisiones lógicas.

Digo "divertido" por no decir "trágico". Nos resulta increíblemente simple, casi un acto reflejo de superioridad moral, culpar a la juventud, a la efervescencia de la edad o a la inexperiencia de las malas decisiones que toman los chavales. Los miramos por encima del hombro y decimos: "Son jóvenes, no saben lo que hacen".

Pero apliquemos la lógica implacable: si realmente la madurez fuera una garantía de sabiduría y buen juicio, al cumplir un número determinado de años, pongamos los treinta y cinco o los cuarenta, se activaría un interruptor mágico en nuestro cerebro y, de repente, ¡bum!, nadie cometería errores. Seríamos seres de luz, tomando decisiones financieras perfectas, eligiendo parejas compatibles al cien por cien y comiendo de forma saludable todos los días sin protestar.

Permíteme que me ría. Yo, al menos, no me encuentro en ese selecto grupo de seres perfectos. Soy un adulto, tengo muchos años a mis espaldas, he visto muchas batallas, he desarrollado sistemas de Coaching, y… adivina qué: sigo cometiendo errores. A veces, errores de bulto.

Y te diré algo más: si algún adulto, sea quien sea, es capaz de levantar la mano, mirarte a los ojos sin parpadear y decirte que él ya no comete errores porque "ha madurado"… ese tipo está mintiendo como un bellaco. Es más, si de verdad existiera alguien así, deberían publicarlo en la primera página de todos los periódicos del mundo. Titular a cinco columnas: "Aparece el primer humano que no mete la pata".

Los errores no son un patrimonio exclusivo de la juventud. Los errores se cometen simple y llanamente por no tomar la decisión adecuada en un momento determinado. Punto.

Nos equivocamos por ir hacia arriba en lugar de hacia abajo cuando la vida nos pedía descender. Nos equivocamos por ir cómodamente en coche cuando la situación requería que fuéramos andando, pisando el barro para entender el terreno. Nos equivocamos estrepitosamente por ir hacia la derecha en lugar de girar a la izquierda (y aclaro rápidamente que este último ejemplo es puramente geométrico, no tiene absolutamente nada que ver con la política; de esos charcos mejor nos mantenemos alejados si queremos conservar la paz mental).

LA CARRERA DE MOTOS DE LA EDAD ADULTA

¿Por qué tropezamos tantas veces en la misma piedra, incluso cuando ya peinamos canas? Porque, a la hora de tomar una decisión importante, en la inmensa mayoría de las ocasiones, no pensamos en un proceso completo. No trazamos el mapa. Simplemente nos dejamos llevar por la inercia del momento, por la prisa o por el cansancio.

Durante los tiempos jóvenes, como decíamos antes, éramos más honestos con nuestra propia ignorancia y dejábamos abiertamente que la suerte decidiera: lanzábamos la moneda, jugábamos a pares o nones, o decíamos chorradas como "si el próximo coche que pase tiene una matrícula que empiece por 5, lo hago". Externalizábamos la decisión para no sentir la culpa si salía mal.

Pero ahora, como somos "adultos serios", ya ni siquiera hacemos eso. Nos daría vergüenza que nos vieran tirando una moneda para decidir si firmamos un contrato. Así que hemos inventado una palabra mucho más elegante y profesional para ocultar que seguimos improvisando. Decimos que confiamos en nuestro "instinto".

"Tengo una corazonada", "Mi instinto me dice que vaya por aquí", "Me fío de mis tripas".

Suena genial en las películas, ¿verdad? El problema es que, desde el punto de vista del funcionamiento cerebral, el famoso "instinto" en la toma de decisiones complejas suele ser una trampa mortal. Nuestro cerebro utiliza atajos mentales para ahorrar energía. Lo que tú llamas "instinto" a veces no es más que miedo disfrazado, o euforia desmedida, o simplemente que ese día has dormido mal y estás irascible.

Confiamos ciegamente en ese instinto y, en lugar de pararnos a pensar, arrancamos cual carrera de motos en la salida de un Gran Premio. Metemos primera, damos gas a fondo y soltamos el embrague de golpe.

(Y permíteme un apunte muy personal aquí, a modo de contexto técnico y sin ponerme melodramático: yo sé un rato de arrancar en moto, de la adrenalina de la velocidad y, por desgracia, también de las consecuencias físicas que tiene el ir demasiado rápido cuando las circunstancias se tuercen. Tengo placas de titanio en mi clavícula y en mi antebrazo que me sirven de recordatorio permanente de que, en la vida real, los impactos a alta velocidad dejan cicatrices muy profundas).

Y así, acelerando sin mirar las curvas que vienen más adelante, nos damos los golpes que nos damos. Nos estrellamos en relaciones porque nos dejamos llevar por el "instinto" de la pasión inicial sin valorar la compatibilidad a largo plazo. Nos arruinamos en negocios absurdos porque el "instinto" nos dijo que era una oportunidad de oro, ignorando los números rojos. Nos quemamos en trabajos que odiamos porque el "instinto" nos dijo que mejor quedarnos en la zona conocida, aunque nos ahogue.

EL TABLERO ESTÁ SERVIDO: LA INVITACIÓN AL JUEGO

Llegados a este punto, la evidencia es aplastante: dejar el rumbo de nuestra vida al azar es de necios, y jugárnosla a la aventura basándonos únicamente en un instinto primitivo es jugar a la ruleta rusa con el tambor lleno de balas.

Por eso, en lugar de todo eso, yo te propongo algo diferente. Te propongo un juego estructurado.

A lo largo de los siguientes capítulos te voy a presentar un sistema. Un mecanismo que he diseñado basándome en mi experiencia de años escuchando los laberintos mentales de cientos de personas. Es un proceso que te obligará, de una forma muy sutil y casi lúdica, a enfrentarte a tus propias contradicciones. Actuará como un espejo que no deforma la realidad, mostrándote exactamente dónde estás atascado y, lo más importante, obligándote a encontrar tus propias salidas.

Pero antes de que sigas leyendo, debo hacerte una advertencia seria. Las reglas de este juego tienen un peaje ineludible. Hay una condición indispensable para poder participar:

Hay que pensar.

Así de simple y así de duro. Este no es un libro pasivo donde tú lees de corrido y yo te doy masticadas las tres claves mágicas de la felicidad. Si estás leyendo esto buscando un atajo milagroso que te solucione la vida mientras miras el móvil, te has equivocado de herramienta.

Para que este juego funcione, vas a tener que exprimir las neuronas. Vas a tener que cuestionarte verdades que dabas por absolutas. Vas a tener que mirar de frente a tus propias excusas, esas que te cuentas a ti mismo para no salir de tu rodera, y vas a tener que desmontarlas pieza a pieza.

Y sé perfectamente lo que ocurre cuando le pido a alguien que haga este esfuerzo. Sé que muchos de los que estéis leyendo estas líneas estáis sintiendo ahora mismo una pequeña resistencia interna. El cerebro reptiliano, ese ahorrador compulsivo de energía del que hablábamos antes, está encendiendo las luces de alarma. Estaréis pensando: *"Buff... pensar no, por favor. Qué pereza"*.

Es normal que sientas esa pereza. La fatiga decisional es una epidemia en nuestra época. Estamos agotados de decidir cientos de micro-cosas al día. Como para ponernos ahora a pensar en el rumbo estratégico de nuestras acciones.

Si estás en ese punto, si realmente sientes que ahora mismo no tienes la energía, la voluntad o el coraje para sentarte frente a ti mismo en este tablero de juego... no pasa absolutamente nada. Sé honesto contigo. Te doy permiso para que cierres el libro. De verdad. Es preferible que lo dejes sobre la mesa antes que seguir leyendo de forma superficial, sin implicarte, convirtiendo estas páginas en papel mojado. Mejor que cambies de lectura, que te distraigas un rato con cualquier otra cosa y que vuelvas en otro momento.

¡Pero volved!

No lo dejéis cogiendo polvo para siempre. Volved cuando estéis hartos de daros golpes contra el mismo muro. Volved cuando el "instinto" os haya fallado por enésima vez y os deis cuenta de que necesitáis un mapa. Volved cuando sintáis que la vida es demasiado valiosa para dejarla en manos de una carrera de motos descontrolada.

Porque os aseguro que, una vez que aprendáis a jugar a esto, una vez que experimentéis la claridad brutal que da el saber hilar vuestro propio pensamiento y la inmensa satisfacción que proporciona tomar una decisión sabiendo que es fruto de vuestro propio raciocinio (no porque te lo haya dicho un extraño, sino porque la has destilado tú mismo)... os aseguro que no querréis volver a vivir en piloto automático nunca más.

El tablero está listo. Las fichas están en su posición inicial.

Si has decidido quedarte, si has decidido que ya está bien de tonterías y que quieres tomar las riendas... entonces prepárate. Porque a partir de la siguiente página, la cosa se pone seria.

Pasa la página. Vamos al Capítulo 4. Vamos a aprender las Reglas del Juego. Y te prometo que, si juegas bien tus cartas, la partida va a merecer mucho la pena.

CAPÍTULO 4. LAS REGLAS DEL JUEGO

EL MECANISMO SECRETO PARA DESBLOQUEAR TU MENTE

Si has llegado hasta aquí sin saltarte páginas, te doy la enhorabuena. Has sobrevivido a tres capítulos en los que te he agitado un poco las convicciones, te he cuestionado la forma en la que gestionas tu tiempo y he puesto en tela de juicio esa fe ciega que le tienes a tu supuesto "instinto". Ahora que ya hemos limpiado el terreno, que hemos barrido las excusas y que hemos dejado claro que para tomar el control de tu vida vas a tener que sudar la camiseta mental, es el momento de poner las cartas sobre la mesa.

Todo juego, desde el ajedrez hasta el parchís, necesita reglas. Si no hay reglas, no hay juego; lo que hay es el caos del patio de un colegio donde el niño más gritón o el que tiene el balón es el que manda. Y tú y yo ya hemos dejado atrás la edad de andar pegando gritos para salirnos con la nuestra. Necesitamos un marco, un sistema de referencia, unos límites que nos obliguen a concentrarnos.

A lo largo de mis años trabajando como Coach, escuchando a personas que se encontraban en auténticas encrucijadas vitales, me di cuenta de un patrón que se repetía casi con exactitud matemática. Cuando una persona está bloqueada ante una decisión (ya sea cambiar de ciudad, dejar una relación que hace aguas o emprender un negocio), su mente funciona como un disco de vinilo rayado. La aguja se queda atascada en el mismo surco, repitiendo la misma estrofa triste una, y otra, y otra vez.

"Es que si lo hago pasará esto... pero si no lo hago pasará lo otro... y si sale mal... y qué dirán... pero es que no puedo seguir así...".

Ese bucle es agotador y, lo que es peor, es completamente inútil. No genera soluciones, solo genera ansiedad. Y por mucha voluntad que le pongas, salir de ese bucle desde dentro es como intentar levantar un cubo en el que estás metido tirando del asa hacia arriba. Es físicamente imposible. Necesitas un punto de apoyo externo. Necesitas que algo o alguien interrumpa el patrón, que coja la aguja del tocadiscos y la mueva bruscamente a otra canción.

Ese es, exactamente, el propósito de las reglas que te voy a explicar a continuación.

EL ARSENAL DE LAS 124 FRASES

Si vas a la parte final de este libro (no lo hagas todavía, quédate conmigo un rato más), verás que hay un bloque compuesto por 31 hojas. En la cabecera de cada una de esas hojas verás un número, del 1 al 31. Y en el interior de cada una de ellas, encontrarás cuatro pequeños bloques, cuatro cartelitos, y dentro de cada cartelito, una frase.

En total, tienes en tus manos un arsenal de 124 frases.

No son frases elegidas al azar en una tarde de aburrimiento buscando en Google "citas famosas para parecer inteligente". Ni mucho menos. Son el destilado, la esencia pura de cientos de reflexiones que he ido publicando en mis redes sociales durante muchos meses. Han sido testadas, comentadas, debatidas y, en muchos casos, han servido de detonante para que muchas personas abrieran los ojos frente a sus propias realidades. Son píldoras concentradas de pensamiento estratégico, de estoicismo callejero y de psicología práctica.

Supongamos que te encuentras en uno de esos días. Ya sabes a qué días me refiero. Días en los que tienes que tomar una decisión importante y sientes un nudo en el estómago, o en los que necesitas un empuje determinado porque la motivación te ha abandonado, o simplemente, tardes en las que te encuentras más perdido que un pulpo en un garaje y no sabes hacia dónde dar el siguiente paso.

En lugar de recurrir al método adolescente de tirar la moneda al aire, o de dejarte llevar por el impulso ciego de esa "carrera de motos" de la que hablábamos en el capítulo anterior, te propongo que acudas a este libro. El proceso es absurdamente sencillo en su ejecución, pero te garantizo que, si lo haces con la actitud correcta, su profundidad te va a dejar descolocado.

Lo he estructurado en tres pasos innegociables. Tres reglas que debes seguir a rajatabla.

PASO 1: LA SINCRONICIDAD DEL DÍA (EL ANCLAJE AL PRESENTE)

La primera regla del juego nos obliga a situarnos en el momento actual. En el "aquí y ahora".

Buscaremos el día del mes en el que nos encontramos. Es así de simple. Cada día del mes equivale a un número de página de ese bloque final de 31 hojas que te he mencionado.

Es decir, si estás leyendo esto, o si acudes al libro en busca de una respuesta, y resulta que hoy es el día 19 del mes, buscarás directamente la página encabezada con el título: "Día 19". Si es día 4, irás a la página 4.

Sé lo que estás pensando. *"Jose, ¿y por qué el día del mes? ¿No sería mejor abrir el libro por una página al azar?"*. Podría serlo, pero dejarlo al azar elimina el factor del compromiso. Al obligarte a mirar qué día es hoy, te estoy obligando a aterrizar en tu presente. Te estoy arrancando de la ansiedad por el futuro y de la melancolía por el pasado. Tu problema está ocurriendo hoy, día 19 (o el que sea), y la herramienta que vas a usar está anclada a ese mismo momento en el tiempo. Es un pequeño truco psicológico para decirle a tu cerebro: *"Deja de divagar, el tablero de juego está montado aquí y ahora"*.

PASO 2: LA RULETA DEL RELOJ (LA ELECCIÓN MILIMÉTRICA)

Una vez que has llegado a la página correcta (siguiendo con el ejemplo, la página del Día 19), te vas a encontrar con cuatro frases diferentes, apiladas de arriba a abajo.

¿Cuál debes leer? ¿La que más te llame la atención? ¿La primera que capte tu mirada? ¡Bajo ningún concepto! Si hiciéramos eso, tu cerebro subconsciente haría trampas. Iría rápidamente a leer por encima y escogería la frase que resulte más cómoda, la que menos confronte tus excusas o la que te regale los oídos. Y ya hemos dejado claro que yo no estoy aquí para regalarte los oídos.

Aquí es donde entra en juego el segundo factor de la ecuación, el verdadero crupier de nuestro casino mental: **la hora del día**.

Miraremos la hora exacta del momento en el que has decidido coger este libro para buscar la inspiración o el desatasco mental que necesitas. Evidentemente, como vivimos en un mundo caótico, muy pocas veces nos va a coincidir que sean las horas en punto (las doce, la una, las cuatro). Por lo tanto, para mantener la cordura del juego y no volvernos locos con los minutos, debemos redondearla, poniendo como frontera inquebrantable las medias horas.

Déjame ponerte un par de ejemplos prácticos para que no haya margen de error (que nos conocemos y luego me decís que el sistema es muy complicado):

- **Ejemplo A:** Imagina que estás en la oficina. Tienes un correo incendiario redactado y tu dedo está a punto de hacer clic en "enviar". Son exactamente las 13:25. Tu sangre hierve. Pero decides aplicar el freno de emergencia del que hablamos en el Capítulo 2 y abres el libro. Como son las 13:25, redondearás hacia abajo. Lo contaremos como si fueran las **13:00**.
- **Ejemplo B:** Llegas a casa agotado, has discutido con tu pareja y tienes que tomar la decisión de si sacas el tema de nuevo o te vas a dormir en silencio. Miras el reloj y son las 18:45. En este caso, al haber pasado de la media hora, redondearás hacia arriba. Lo contaremos como si fueran las **19:00**.

Perfecto, ya tenemos una hora exacta. Ahora viene la magia del engranaje. Cada hora del día tiene asignado un número de frase, del 1 al 4, leyéndose siempre de arriba abajo en la página en la que estés.

Para que no tengas que hacer cálculos mentales extraños, he estructurado las horas de la siguiente forma matemática:

- Si la hora resultante es **01, 05, 09, 13, 17 o 21**... te corresponde leer exclusivamente la **FRASE Nº 1** (la primera de arriba).
- Si la hora resultante es **02, 06, 10, 14, 18 o 22**... te corresponde leer exclusivamente la **FRASE Nº 2** (la segunda).
- Si la hora resultante es **03, 07, 11, 15, 19 o 23**... te corresponde leer exclusivamente la **FRASE Nº 3** (la tercera).
- Si la hora resultante es **04, 08, 12, 16, 20 o 24**... te corresponde leer exclusivamente la **FRASE Nº 4** (la cuarta y última).

Sé que ahora mismo algún ingeniero o amante del Excel estará analizando la serie numérica asintiendo con la cabeza. Está diseñado para que la rotación sea perfecta a lo largo del día y de la noche. Porque los demonios de la duda, como bien sabrás, no tienen horario de oficina. A veces te atacan a las tres de la tarde con un café en la mano, y a veces te asaltan a las cuatro de la madrugada mirado el techo de la habitación. El juego está siempre abierto.

PASO 3: EL CHOQUE FRONTAL (PENSAR HASTA QUE DUELA UN POCO)

Has seguido las reglas. Has cruzado el día del mes con la hora redondeada. Tienes tu dedo índice puesto sobre una única frase. El resto de las frases de la página han dejado de existir para ti. Esa frase, y solo esa, es tu compañera de baile en este momento.

Llegamos al tercer paso. Al momento de la verdad. Una vez lleguemos a la frase que nos corresponde, la leeremos atentamente.

Pero cuando digo "leer atentamente", no me refiero a pasar los ojos por encima de las letras como si estuvieras leyendo los ingredientes de un bote de champú mientras estás en el baño. Me refiero a asimilarla. A tragarla. A dejar que baje hasta el fondo del estómago.

Ahí es donde comienza el verdadero y noble proceso de "pensar". El trabajo duro.

Vamos a dejar algo claro desde ya para evitar frustraciones infantiles: **La frase no te va a decir lo que debes hacer.** No es un oráculo, no es una bola de cristal, ni es el maestro Yoda dándote la clave del universo. La frase no va a decir: "Sí, Juan, invierte todos tus ahorros en criptomonedas", o "No, María, no te cases con ese idiota".

Este libro no da respuestas prefabricadas porque las respuestas prefabricadas son basura intelectual. Lo que a mí me sirve, a ti te puede destrozar. Lo que hace esta frase es muchísimo más valioso: actúa como un espejo implacable.

Tu trabajo consiste en coger esa frase y convertirla en parte de ti. Debes buscar su significado profundo y, aquí viene la genialidad del mecanismo, buscar la forma de *aplicarlo a tu situación actual*. Tienes que forzar a tu cerebro a encontrar el puente invisible que une las palabras que acabas de leer con el problema que te está quitando el sueño.

Y créeme que ese puente siempre existe. En psicología y neurociencia, este fenómeno está muy estudiado. Cuando tú tienes un problema incrustado en la mente y yo te obligo a leer un concepto aparentemente aleatorio, tu cerebro, que es una máquina prodigiosa de buscar patrones y resolver puzles, generará lo que se llama "pensamiento lateral".

Si estás dudando sobre si pedir un aumento de sueldo y te toca una frase sobre la "necesidad de podar las ramas muertas para que el árbol crezca", tu mente no se va a poner a pensar en jardinería. Tu mente va a entender la metáfora al instante. Te va a golpear como un jarro de agua fría. Te darás cuenta de que llevas años aguantando ramas muertas (tareas que no te tocan, sueldos que no te valoran) por miedo a hacer la poda. La frase no te ha dicho "pide el aumento", la frase te ha mostrado el miedo absurdo que tienes a coger las tijeras.

Si consigues centrarte en esa frase y desarrollarla de forma paralela a tu necesidad, te servirá de faro. Te dará un punto de vista diametralmente distinto al que tenías hace cinco minutos. Romperá el vinilo rayado del que hablábamos al principio. Y a partir de ese silencio nuevo que se genera en tu cabeza, podrás tomar tu decisión de una forma más pausada, más coherente, más meditada y, te lo aseguro, probablemente con muchísimo más éxito.

LA ADVERTENCIA DEL AMIGO HONESTO

Quiero ser muy pesado con esto, porque sé cómo funciona el ego humano. No pretendo en ningún momento decir que cada frase es "LA" solución absoluta a una situación en concreto. Si alguien lo entiende así, si alguien cree que esto es un libro de hechizos donde la frase tres de la página quince sirve para arreglar un despido improcedente, es que no he conseguido explicarme de forma correcta.

Esto no es magia, esto es entrenamiento de alto rendimiento para tu cerebro.

Esta herramienta sólo va a servir para una cosa fundamental: para que te detengas. Para que eches el freno de mano. Para que cojas aire. Para que dejes de reaccionar como un animal asustado y empieces a pensar en lo que estás haciendo.

Míralo exactamente igual que si fuera un amigo de toda la vida el que te está dando un consejo. Ese amigo leal, rudo pero bondadoso, que se sienta contigo en un banco del parque, te pone una mano en el hombro y te suelta una verdad incómoda que tú, en el fondo, ya sabías pero no querías admitir. Él no puede ir a la oficina a pelear por ti, ni puede ir a tu casa a solucionar tus problemas de pareja. Pero la charla con él te despeja la mente y te arma de valor.

Este libro pretende ser ese amigo en la mesita de noche. Te recomiendo encarecidamente tenerlo siempre cerca, a mano. En tu escritorio, en la guantera del coche o en la mesilla. Úsalo siempre que lo necesites. No se gasta. Al revés, cuantas más veces apliques el sistema, más engrasado estará tu cerebro.

Este ejercicio de pensar, si lo coges como una costumbre férrea, va a catalizar tu desarrollo personal de una forma que ni te imaginas. Te enseñará a hilar los pensamientos. Te enseñará a detectar tus propias falacias y tus autoengaños. Y, sobre todo, conectando con el primer capítulo del que hablábamos, te irá enseñando a priorizar cada situación de tu vida.

Porque al forzarte a parar y pensar frente a una frase, tu mente empezará a desechar la "paja". Te darás cuenta de que muchas de las cosas por las que estabas a punto de perder los nervios y lanzarte a una piscina sin agua, en realidad, son problemas de puntuación baja. Son pelotas de goma. Y aprenderás, por pura supervivencia y madurez intelectual, a darle prioridad absoluta a las cosas que realmente son importantes, porque el resto, simple y llanamente, no lo son.

Ese es el juego. Esas son las reglas. Ni trampa ni cartón.

Cruza el día con la hora. Lee. Respira. Piensa. Aplica. Y decide.

Ya tienes las herramientas, tienes el marco mental y sabes cómo funcionan los engranajes de la máquina. Se acabaron los prólogos, las teorías y las justificaciones.

Es el momento de actuar. El tablero está abierto y las fichas esperan tu movimiento. Pasa la página y acompáñame al Capítulo 5.

Comienza el juego.

CAPÍTULO 5:

Empieza el juego

DÍA 1

1ª FRASE

El éxito de los demás está precedido de un trabajo increíble, no quieras copiar su éxito, copia su trabajo.

2ª FRASE

Si quieres ser el protagonista de tu éxito, deja de observar y dedícate a trabajar en ello.

3ª FRASE

No hay caminos cortos para conseguir la victoria, lucha cada día por subir un peldaño más hasta que lo consigas.

4ª FRASE

¿Ya sabes dónde quieres llegar? Entonces, céntrate en dar el primer paso de la forma correcta.

DÍA 2

1ª FRASE

Para llegar a lo alto de la montaña, no dejes de mirar a la piedra que tienes delante de ti en ese momento.

2ª FRASE

No pienses en el bosque para salir de él, piensa en el árbol que te va a señalar el camino.

3ª FRASE

Podrás fracasar siendo inteligente o siendo rico, pero jamás fracasarás teniendo determinación.

4ª FRASE

Tu triunfo no depende de lo que otros te ayuden, sino de ti mismo.

DÍA 3

1ª FRASE

El primer paso no te lleva a a donde quieres ir, pero te saca de donde estás.

2ª FRASE

Tu futuro se diseña por las decisiones que tomas hoy, no por las que planeas tomar mañana.

3ª FRASE

Toda decisión importante conlleva un riesgo; el mayor mayor riesgo es no decidir.

4ª FRASE

No busques el momento perfecto para empezar; el momento perfecto es cuando decides empezar.

DÍA 4

1ª FRASE

No midas tu valor por tus logros, sino por la persona en la que te conviertes en el proceso de alcanzarlos.

2ª FRASE

La pereza no es un estado, es una decisión de no empezar. Y hoy, la decisión es tuya.

3ª FRASE

El secreto de avanzar es empezar. No esperes a que todo sea perfecto; empieza donde estás, con lo que tienes.

4ª FRASE

La única persona con la que debes competir es la que eras ayer. Tu única meta es ser mejor.

DÍA 5

1ª FRASE

¿Si puedes dar 1.000 ¿Por qué te conformas con dar 100?

2ª FRASE

Decir: "siempre se ha hecho así" es una excusa para no evolucionar.

3ª FRASE

Por cada problema que se nos plantee, siempre habrá el doble de soluciones para acabar con él.

4ª FRASE

Que nos digan un "no", sólo debe ser el empujón para seguir nuestro camino, pues inmediatamente encontraremos el "si" que buscamos.

DÍA 6

1ª FRASE

El mayor enemigo de tu futuro es quedarte paralizado por los errores de tu pasado.

2ª FRASE

Rodéate de personas que desafíen tus límites, no de aquellas que se acomoden a tus excusas.

3ª FRASE

La autodisciplina comienza con el dominio de tus pensamientos. Si no controlas lo que piensas, no podrás controlar lo que haces.

4ª FRASE

Creer que puedes es la mitad del camino; la otra mitad es tener la paciencia para recorrerlo recorenos entera.

1ª FRASE

No busques la motivación afuera, constrúyela adentro a través de tus acciones.

2ª FRASE

La persistencia no es un estado, es una decisión diaria.

7
DÍA

3ª FRASE

Un tropiezo no es un fracaso, es un cambio de dirección.

4ª FRASE

Para cambiar tu futuro, primero prinero debes aceptar tu presente.

DÍA 8

1ª FRASE

Cualquier actitud que te lleve a la acción será positiva.

2ª FRASE

Levantarnos cada mañana es afrontar nuestra vida, convirtámoslo en algo único.

3ª FRASE

Debes buscar un objetivo que nos permite crecer y mejorar como personas.

4ª FRASE

Quiero fuera de mi vida, todas aquellas actitudes o personas que me hagan pensar en negativo.

DÍA 9

1ª FRASE

Céntrate en ganar dinero, no en las facturas que tienes que pagar.

2ª FRASE

Si te centras en lo negativo, estás atrayendo lo negativo a tu vida.

3ª FRASE

Cada paso que damos, debe ser con un pensamiento estratégico.

4ª FRASE

Nuestra mente es un músculo que debemos entrenar cada día.

DÍA 10

1ª FRASE

La disciplina es el puente entre las metas y los logros.

2ª FRASE

No cuentes los días, haz que los días cuenten.

3ª FRASE

El éxito es la suma de pequeños esfuerzos repetidos día tras día.

4ª FRASE

La paciencia es amarga, pero su fruto es dulce.

DÍA 11

1ª FRASE

No esperes a que las condiciones sean perfectas para empezar; el empezar hace que las condiciones sean perfectas.

2ª FRASE

Tu mayor activo no es tu tiempo, es tu atención.

3ª FRASE

La claridad mental es el resultado de eliminar lo innecesario.

4ª FRASE

No busques la aprobación de los demás, busca tu propia superación.

DÍA 12

1ª FRASE

El miedo es solo una señal de que estás ante una oportunidad de crecimiento.

2ª FRASE

No te quejes de lo que permites.

3ª FRASE

La consistencia es más importante que la intensidad.

4ª FRASE

Tu vida cambia cuando cambian tus prioridades.

DÍA 13

1ª FRASE

La mejor inversión que puedes hacer es en ti mismo.

2ª FRASE

No confundas movimiento con progreso.

3ª FRASE

El silencio es a menudo la mejor respuesta estratégica.

4ª FRASE

Aprende a decir NO a lo bueno para poder decir SÍ a lo excelente.

DÍA 14

1ª FRASE

Los límites solo existen en tu mente.

2ª FRASE

La disciplina te lleva a donde la motivación no alcanza.

3ª FRASE

No cuentes tus planes, muestra tus resultados.

4ª FRASE

El fracaso es solo información para el siguiente intento.

DÍA 15

1ª FRASE
Sé el cambio que quieres ver en tu vida.

2ª FRASE
La gratitud es la memoria del corazón y el motor de la abundancia.

3ª FRASE
No busques culpables, busca soluciones.

4ª FRASE
Tu actitud determina tu altitud.

DÍA 16

1ª FRASE
El hoy es el mañana que tanto te preocupaba ayer.

2ª FRASE
La sencillez es la máxima sofisticación.

3ª FRASE
No dejes que el ruido de las opiniones ajenas apague tu voz interior.

4ª FRASE
La vida es 10% lo que te pasa y 90% cómo reaccionas.

1ª FRASE

El conocimiento no es poder, el conocimiento aplicado sí lo es.

2ª FRASE

Si no diseñas tu propia vida, alguien más lo hará por ti.

17 DÍA

3ª FRASE

La paciencia y y la perseverancia tienen un efecto mágico.

4ª FRASE

Tu mayor competidor es la persona que ves en el espejo.

DÍA 18

1ª FRASE

La suerte es lo que sucede cucede cuando la preparación se encuentra con la oportunidad.

2ª FRASE

El coraje no es la ausencia de miedo, sino el triunfo sobre él.

3ª FRASE

No te detengas hasta que estés orgulloso.

4ª FRASE

El éxito llega para quienes están demasiado ocupados buscándolo.

DÍA 19

1ª FRASE

La calidad de tu vida depende de la calidad de tus preguntas.

2ª FRASE

No busques el éxito, conviértete en la persona que lo atrae.

3ª FRASE

La mente que se abre a una nueva idea, jamás vuelve a su tamaño original.

4ª FRASE

Elige un trabajo que ames y no tendrás que trabajar ni un día.

DÍA 20

1ª FRASE

La humildad es la base de todo aprendizaje.

2ª FRASE

No juzgues cada día por la cosecha, sino por las semillas que plantas.

3ª FRASE

La integridad es hacer lo correcto correcto incluso cuando nadie mira.

4ª FRASE

Tu energía es sagrada, úsala sabiamente.

DÍA 21

1ª FRASE

La adversidad es un entrenamiento, no un castigo.

2ª FRASE

El titanio se forja bajo presión; tu carácter, también.

3ª FRASE

No te rompes, te reconstruyes.

4ª FRASE

La resiliencia es el arte de avanzar incluso con viento en contra.

1ª FRASE

Controla lo que puedes controlar y deja ir lo demás.

2ª FRASE

Tu paz mental no es negociable.

22
DÍA

3ª FRASE

La pausa es la herramienta más poderosa del estratega.

4ª FRASE

No reacciones, responde.

DÍA 23

1ª FRASE

El hierro no miente; el esfuerzo, tampoco.

2ª FRASE

Entrena tu mente como entrenas tus músculos.

3ª FRASE

La disciplina es amor amor propio en acción.

4ª FRASE

Hoy es el día para ser un 1% mejor.

DÍA 24

1ª FRASE

Las relaciones sanas no se encuentran, se construyen.

2ª FRASE

Pon límites para que el mundo sepa dónde empieza tu respeto.

3ª FRASE

Libérate de los apegos que te anclan al suelo.

4ª FRASE

Rodéate de personas que sean luz, no sombra.

DÍA 25

1ª FRASE

Tu voz es tu herramienta más poderosa; úsala con arte.

2ª FRASE

Escuchar es más estratégico que hablar.

3ª FRASE

La empatía no es debilidad, es inteligencia social.

4ª FRASE

Comunícate para conectar, no para convencer.

DÍA 26

1ª FRASE

El liderazgo empieza por uno mismo.

2ª FRASE

No mandes, inspira.

3ª FRASE

Un equipo es tan fuerte como su eslabón más débil.

4ª FRASE

Crea un entorno donde el error sea un escalón para el aprendizaje.

DÍA 27

1ª FRASE

Gestionar tu vida es gestionar tus decisiones.

2ª FRASE

El "no tengo tiempo" es el "no es mi prioridad" de los mediocres.

3ª FRASE

Simplifica hasta que solo quede lo importante.

4ª FRASE

Hazlo hoy, el mañana es una promesa que nadie te ha firmado.

DÍA 28

1ª FRASE

Acepta tu error, aprende de él y sigue caminando.

2ª FRASE

La culpa es un lastre; la responsabilidad es un motor.

3ª FRASE

Perdónate por no ser perfecto y felicítate por intentarlo.

4ª FRASE

Toda cicatriz es una lección ganada.

DÍA 29

1ª FRASE

La brújula interior siempre marca el camino del propósito.

2ª FRASE

No busques tu camino, créalo.

3ª FRASE

Tus valores son tus coordenadas.

4ª FRASE

Vive de acuerdo a tu propia verdad, no a la de otros.

DÍA 30

1ª FRASE

La victoria es de quienes resisten un minuto más.

2ª FRASE

La determinación vence al talento cuanr do el talento no se esfuerza.

3ª FRASE

Tus sueños no tienen fecha de caducidad.

4ª FRASE

Si el plan no funciona, cambia el plan, pero nunca la meta.

DÍA 31

1ª FRASE

Hoy es tu segundo nacimiento; tú decides quién quieres ser.

2ª FRASE

El juego no termina aquí, acaba de empezar.

3ª FRASE

Lleva tu brújula siempre encendida.

4ª FRASE

Cierra este libro y sal a ganar tu vida.

CONCLUSIONES

EL DÍA 32 (O POR QUÉ ESTO NO HA ACABADO AQUÍ)

Si estás leyendo estas líneas, es muy probable que te sientas un poco como si acabaras de salir de una lavadora emocional a mil revoluciones por minuto. Has pasado treinta y un días enfrentándote a frases que, en más de una ocasión, te habrán hecho arquear una ceja, soltar un bufido o, con un poco de suerte, cerrar el libro con un portazo mental porque la verdad escocía demasiado.

Bienvenido al club. La incomodidad es el síntoma inequívoco de que algo se está moviendo ahí dentro. Como solemos decir en el mundo del entrenamiento, *no pain, no gain*. Si no escuece, es que no estás creciendo; simplemente te estás dando un masaje en el ego. Y tú y yo no hemos venido aquí a darnos masajes.

1. EL FINAL DEL COMIENZO

A lo largo de este juego, hemos intentado "hackear" ese sistema operativo arcaico que llevas instalado entre las orejas. Ese sistema que prefiere la seguridad de una jaula conocida a la incertidumbre de un cielo abierto.

Hemos hablado de prioridades, de dejar de hacer el tonto con el tiempo (ese recurso que no puedes fabricar en el garaje), de la importancia de la pausa estratégica y de por qué tu instinto, a veces, es tu peor enemigo.

Pero aquí viene la gran revelación: **Este libro no termina hoy.**

Lo que has hecho durante estos 31 días ha sido, en esencia, un entrenamiento de pretemporada. Has aprendido a mover las piezas, has memorizado las reglas y has empezado a sudar. Pero el verdadero juego, el que cuenta para la liga profesional, empieza mañana por la mañana en cuanto pongas un pie fuera de la cama.

2. LA DICTADURA DE LA RESPUESTA FÁCIL

Vivimos en un mundo que tiene fobia al silencio y a la duda. Queremos respuestas de microondas: rápidas, calientes y que no requieran que nos manchemos las manos en la cocina. Por eso la gente se vuelve loca buscando el método definitivo, la dieta milagrosa o el gurú que les diga exactamente qué botón pulsar para que su vida sea perfecta.

Pero tú ya sabes que eso es un cuento chino. El cerebro es un ahorrador compulsivo de energía y siempre va a intentar que elijas la opción que menos calorías le cueste pensar.

- **La trampa del observador:** Muchos se limitan a mirar el tablero. Analizan, juzgan, opinan, pero nunca mueven ficha.
- **La ilusión del conocimiento:** Leer este libro no te hace un experto en decisiones. Tomar decisiones difíciles, basándote en lo que has pensado aquí, sí lo hace.

Este libro no te ha dado soluciones porque yo no tengo tu vida ni calzo tus zapatos. Lo que te he dado es un gimnasio de preguntas. Al obligarte a cruzar la fecha con la hora y a masticar una frase que tú no habías elegido, hemos roto la inercia. Hemos forzado a tu cerebro a salir de la rodera y a ver el paisaje desde otro ángulo.

3. EL ESTOICISMO EN LA TRINCHERA

Si algo quiero que te lleves de estas páginas, además de un par de carcajadas a costa de nuestras propias torpezas, es el concepto de la **Dicotomía del Control**. Es la base de todo pensamiento estratégico serio.

Como decía Epicteto: *"La felicidad y la libertad comienzan con la clara comprensión de un principio: algunas cosas están bajo nuestro control y otras no"*.

- **Lo que NO controlas:** Si va a llover, si tu jefe ha dormido mal, si la economía se desploma o lo que piensen los demás de ti.
- **Lo que SÍ controlas:** Cómo reaccionas ante ese chaparrón.

Ahí reside tu verdadera libertad. No es una libertad épica de película de Hollywood, sino una libertad discreta, de andar por casa, que se ejerce cada vez que decides no reaccionar como un animal asustado y, en su lugar, eliges responder como un ser humano que piensa.

4. EJERCICIO PRÁCTICO: EL MAPA DE CALOR DECISIONAL

Para que no te vayas de aquí solo con teoría, te propongo un ejercicio de auditoría interna para los próximos 7 días:

1. **Registro de Impacto:** Cada noche, antes de dormir, identifica la decisión más importante que hayas tomado hoy.
2. **Puntuación:** Puntúala del 1 al 10 en función de si ha sido una decisión reactiva (fruto del impulso) o estratégica (fruto de la pausa).
3. **El Filtro de la Moneda:** Pregúntate: "¿Habría sido mejor el resultado si hubiera lanzado una moneda al aire?". Si la respuesta es sí, es que has actuado en piloto automático.
4. **Ajuste de Mira:** ¿Qué pequeño cambio en tu "pausa estratégica" habría mejorado esa decisión?

5. RECOMENDACIONES DE UN MENTOR QUE SE PREOCUPA

No seas un "turista del desarrollo personal". No pases por los libros como quien pasa por una tienda de souvenirs. Quédate con lo que sirve, descarta lo que no, pero sobre todo, **aplica**.

- **No temas al error:** El único error real es no decidir. Quedarse paralizado en la casilla de salida es la forma más rápida de perder la partida por incomparecencia.
- **Cuida tu entorno:** Rodéate de gente que te desafíe, no de gente que valide tus excusas. Si eres el más inteligente de tu grupo de amigos, estás en el grupo equivocado.
- **Mantén el humor:** La vida es demasiado seria como para no reírse de uno mismo. Si metes la pata (que la meterás), analízalo, aprende y ríete de la situación. El "peliculeo" es una pérdida de tiempo y de energía.

6. ¿Y AHORA QUÉ?

Puedes cerrar este libro y dejarlo en la estantería para que coja polvo. Sería una lástima, pero es tu decisión (una mala decisión, por cierto). O puedes convertirlo en tu manual de asalto diario. No necesitas estar en crisis para jugar. Puedes hacerlo un martes cualquiera en el que simplemente quieras afinar la puntería de tus pensamientos.

Recuerda: el éxito no es una meta, es un proceso de refinamiento constante. Es como entrenar con pesas; no te pones fuerte por ir un día al gimnasio. Te pones fuerte porque vas cada mañana, aunque te dé pereza. Con la mente pasa exactamente lo mismo.

Ha sido un placer acompañarte en este viaje. Ahora, deja de leer y vete a tomar esa decisión que sabes perfectamente que tienes pendiente. No esperes a que los planetas se alineen; el momento perfecto es hoy, simplemente porque tú lo has decidido.

Nos vemos en la arena. **¡A jugar!**

GLOSARIO: EL DICCIONARIO PARA MOVERSE POR EL TABLERO

A continuación, he preparado una selección exhaustiva de los conceptos que hemos manejado en este libro. No es un glosario académico al uso, de esos que aburren hasta a las ovejas; es una herramienta de consulta rápida para que, cuando te surja una duda en mitad de una partida, sepas exactamente de qué estamos hablando.

Aquí tienes los términos ordenados alfabéticamente, con la profundidad necesaria para que no se te escape ni un detalle.

A

- **Amígdala:** Es el centro de mando de tus emociones más primarias, situada en lo más profundo de tu cerebro temporal. Imagínala como una alarma de incendios hipersensible. Su función es detectar amenazas para que puedas luchar o huir. El problema es que no distingue entre un león hambriento y un comentario sarcástico de tu cuñado; en ambos casos, dispara cortisol y te nubla el juicio lógico.

- **Ataraxia:** Un término que nos llega de los antiguos griegos (especialmente de los epicúreos y estoicos). Es ese estado de serenidad absoluta donde nada te perturba. No es que no pasen cosas malas, es que tú has aprendido a que esas cosas no te rompan por dentro. Es la calma en mitad de la tormenta.
- **Autoconocimiento:** La base de todo. Si no sabes qué piezas tienes en tu tablero, no puedes jugar. No se trata de "encontrarse a uno mismo" en un viaje espiritual, sino de entender tus patrones de comportamiento, tus miedos y tus sesgos para poder gestionarlos.

B

- **Brújula Interior:** Es el sistema garantizado que utilizo para que las personas recuperen el rumbo. No es magia, es metodología. Se trata de alinear tus valores con tus acciones para que dejes de sentir que caminas en círculos. Si quieres ver cómo funciona a fondo, puedes echarle un ojo aquí:

https://www.joseignaciomendez.com/brujula-interior-coaching-garantizado.

C

- **Coaching:** Olvida las definiciones místicas. El coaching es un proceso de aprendizaje expansivo. Mi trabajo como Coach es acompañarte para que tu visión periférica crezca. No te doy las respuestas, te hago las preguntas que tú no quieres hacerte para que encuentres tus propias soluciones.

- **Corteza Prefrontal:** La "sala de máquinas" de tu cerebro racional. Es la parte que se encarga de planificar, tomar decisiones complejas y frenar tus impulsos. Es lo que entrenamos cada vez que aplicas la pausa estratégica.
- **Creencias Limitantes:** Esos "virus" mentales que te dicen que no puedes, que no vales o que es demasiado tarde. Son mapas antiguos que ya no sirven para el terreno actual pero que sigues consultando por puro hábito.

D

- **Diamond Coach:** Es mi acreditación internacional (GCF). Más allá del título, significa que mi práctica está avalada por estándares éticos y técnicos de alto nivel. Es la garantía de que no soy un "vendehúmos" de internet.
- **Dicotomía del Control:** El pilar maestro del estoicismo. Se trata de trazar una línea divisoria clara: a un lado, lo que depende de ti (tus opiniones, tus intenciones, tus acciones); al otro, lo que no depende de ti (la economía, el tráfico, lo que otros piensen). Si te centras en lo primero, eres invencible. Si te enfocas en lo segundo, serás un esclavo de la ansiedad.

- **Dopamina:** El neurotransmisor de la recompensa y la búsqueda. Es lo que te hace sentir ese "subidón" cuando compras algo o recibes un *like*. El problema es que es adictiva y efímera. En este libro, buscamos sustituir la dopamina barata por la satisfacción real del trabajo bien hecho.

E

- **Ego:** Esa construcción mental que intenta protegerte pero que acaba aislándote. Es el que se siente ofendido, el que quiere tener siempre la razón y el que te impide aprender cosas nuevas por miedo a parecer ignorante.
- **Espacio de Frankl:** Basado en las enseñanzas de Viktor Frankl. Es ese microsegundo que existe entre lo que te sucede (estímulo) y lo que haces al respecto (respuesta). En ese espacio reside toda tu libertad. El objetivo de este libro es ensanchar ese espacio.
- **Estoicismo:** Filosofía práctica que no busca que seas una roca sin sentimientos, sino que seas alguien que utiliza la razón para no ser esclavo de sus pasiones. Es la filosofía de los guerreros y de los estrategas.

F

- **Fatiga Decisional:** El fenómeno por el cual tu capacidad para tomar buenas decisiones se agota a medida que avanza el día. Por eso, elegir qué cenar después de un día de perros te parece una montaña imposible. La organización sirve para combatir este agotamiento.

G

- **Gancho (Hook):** En escritura y en la vida, es ese elemento que captura tu atención. En este juego, cada frase es un gancho diseñado para que tu mente no pueda mirar hacia otro lado.

H

- **Homeostasis:** La tendencia natural de cualquier sistema (incluida tu mente) a mantenerse igual. Es la razón por la que te cuesta tanto cambiar un hábito: tu cerebro prefiere lo malo conocido porque no gasta energía en procesar lo nuevo.

I

- **Incertidumbre:** La única certeza que tenemos en la vida. Aprender a jugar con ella, en lugar de intentar eliminarla, es lo que diferencia a un maestro de un principiante.

- **Instinto vs. Razón:** El eterno combate. El instinto es rápido y ruidoso; la razón es lenta y silenciosa. En este libro, le hemos bajado el volumen al instinto para poder escuchar lo que la razón tiene que decirnos.

L

- **Locus de Control:** Si crees que tu vida depende de la suerte o de los demás, tienes un locus externo. Si asumes que tus resultados son fruto de tus decisiones, tienes un locus interno. Solo desde el locus interno se puede ganar esta partida.

M

- **Metáfora de las Pelotas de Cristal:** Una regla de oro para priorizar. En la vida haces malabares con pelotas de goma (tareas que si caen, rebotan) y pelotas de cristal (salud, familia, decisiones críticas). Si dejas caer una de cristal, se rompe para siempre. Aprende a distinguir cuál es cuál.
- **Mielina:** Sustancia que recubre las conexiones neuronales. Cuanto más practicas algo (como pensar estratégicamente), más mielina se genera y más rápida y automática se vuelve esa habilidad. Por eso la repetición de los 31 días es vital.

N

- **Neuroplasticidad:** La capacidad asombrosa de tu cerebro para cambiar y crear nuevas rutas de pensamiento. No importa la edad que tengas: si entrenas, tu cerebro se remodela.

P

- **Pausa Estratégica:** La técnica de detenerse 10 segundos antes de actuar. Es el freno de mano que evita que te estrelles en la "carrera de motos" de la impulsividad.
- **Procrastinación:** No es vagancia, es una gestión nefasta del miedo o del aburrimiento. Es aplazar lo importante para aliviar una tensión emocional inmediata.

R

- **Resiliencia:** No es solo aguantar los golpes, es la capacidad de reconstruirse después de ellos. Como las placas de titanio que llevo conmigo: son el recordatorio de que después de la fractura, uno puede volver a ser funcional y fuerte.
- **Rumia Mental:** Ese proceso de darle vueltas al mismo problema sin llegar a ninguna solución. Es el motor en punto muerto: mucho ruido, mucho consumo, pero cero avance.

S

- **Sesgo Cognitivo:** Un "atajo" mental que toma tu cerebro y que, la mayoría de las veces, te lleva a conclusiones equivocadas. El juego de las 124 frases sirve para sacar estos sesgos a la luz.
- **Sincronicidad:** El fenómeno de que dos eventos ocurran al mismo tiempo de forma significativa. En este libro, usamos la sincronía del día y la hora para que la frase que leas parezca "elegida" para tu situación actual.

T

- **Titanio (Metáfora del):** Representa la fortaleza que nace de la herida. En el coaching, usamos tus cicatrices y tus errores como el material de refuerzo para tu nueva estructura mental.

V

- **Voluntad:** El combustible del juego. Sin ella, este libro es solo papel manchado de tinta. Con ella, es el mapa hacia una vida bajo tu propio mando.

Espero que este glosario te sirva para aclarar el terreno. Si sientes que algún concepto se te queda corto o quieres ver cómo aplicarlo a tu caso concreto, ya sabes dónde encontrarme para ampliar información de forma quirúrgica.

Recuerda: las palabras son solo etiquetas. Lo que importa es lo que haces con ellas cuando el reloj se pone en marcha.

SOBRE EL AUTOR

EL HOMBRE DETRÁS DEL TABLERO

Si has llegado hasta aquí buscando un currículum aséptico, lleno de títulos rimbombantes y frases vacías de manual de autoayuda, me temo que te has equivocado de autor. Sí, soy Jose Ignacio Méndez. Sí, tengo los títulos de Diamond Coach y Master Coach colgados en alguna pared (o guardados en una carpeta, que es donde menos polvo cogen). Pero, por encima de cualquier acreditación internacional, soy un tipo que lleva en la trinchera del comportamiento humano desde el año 1993. Y eso, amigo mío, no se enseña en ninguna universidad; se aprende a base de escuchar, de observar y, sobre todo, de tropezar uno mismo.

En este capítulo no te voy a hablar desde un pedestal. Te voy a hablar desde la cercanía de quien conoce el sabor del éxito y también el regusto amargo del asfalto. Porque para entender por qué escribo como escribo y por qué te exijo tanto en este libro, necesitas conocer un poco mejor qué hay debajo de la piel de este mentor que te ha estado pinchando durante los últimos treinta y un días.

1. EL LARGO CAMINO DESDE 1993

Empecé en esto cuando el término "coaching" sonaba a algo exótico relacionado con el deporte de élite en Estados Unidos. En aquel entonces, no había redes sociales, ni vídeos virales, ni algoritmos que te dijeran qué pensar. Había personas. Había problemas reales. Había una necesidad imperiosa de entender cómo demonios podíamos tomar mejores decisiones sin acabar locos en el intento.

Desde aquel 1993 hasta hoy, he visto cambiar el mundo de forma radical. He visto nacer y morir modas psicológicas, he visto a "gurús" prometer la felicidad en tres cómodos pasos y he visto cómo la tecnología, en lugar de liberarnos el tiempo, nos ha convertido en esclavos de la urgencia. Pero hay algo que no ha cambiado ni un milímetro: la arquitectura del miedo humano, la duda ante la incertidumbre y la parálisis que provoca no saber priorizar.

A lo largo de estos años, he volcado todo ese aprendizaje en 25 libros publicados. No lo digo por presumir de número; escribir 25 libros es, en realidad, un acto de tozudez absoluta. Es la necesidad de mantener 25 conversaciones distintas con lectores como tú, intentando desbrozar el camino para que otros no tengan que machetear la maleza por la que yo ya he pasado.

2. EL ACCIDENTE Y EL TITANIO: UNA LECCIÓN NO SOLICITADA

Dicen que la vida es lo que pasa mientras haces otros planes, y vaya si es verdad. No me gusta regodearme en los sucesos, pero hay un evento que marcó un antes y un después en mi forma de entender la resiliencia. Tuve un accidente grave de moto. De esos en los que el tiempo se detiene y la realidad se rompe en mil pedazos de metal y asfalto.

El resultado técnico fue una colección de placas de titanio en mi clavícula izquierda y en mi antebrazo derecho. El resultado real fue una cura de humildad y una clase magistral sobre la paciencia. Pasar de entrenar a diario con pesas a no poder levantar un tenedor es un golpe directo al ego. Ahí es donde la teoría del estoicismo, que tanto menciono en mis obras, dejó de ser una lectura elegante para convertirse en mi tabla de salvación.

En el hospital no me sirvieron de nada mis títulos de Diamond Coach. Me sirvió mi capacidad de decidir: ¿iba a quejarme de la mala suerte o iba a centrarme en el siguiente milímetro de rehabilitación? Elegí lo segundo. Esa experiencia me reafirmó en la idea central de este libro: no controlamos lo que nos pasa, pero somos los soberanos absolutos de nuestra respuesta. Hoy sigo en rehabilitación, mejorando paso a paso, con el titanio bajo la piel recordándome que la fragilidad y la fortaleza son dos caras de la misma moneda.

3. HIERRO Y NUTRICIÓN: MI RITUAL DE SUPERVIVENCIA

Si me buscas a primera hora de la mañana, no me encontrarás revisando correos ni mirando el móvil. Me encontrarás entrenando con pesas. Para mí, el gimnasio no es un lugar para cultivar el narcisismo; es mi laboratorio de disciplina.

Entrenar diariamente me obliga a enfrentarme a la resistencia física, al deseo de abandonar y a la monotonía del esfuerzo. Es el espejo perfecto de la vida. Si no eres capaz de controlar tu nutrición y tu esfuerzo físico, ¿cómo pretendes controlar las decisiones complejas de tu empresa o de tu familia? La mente y el cuerpo son un solo sistema. Por eso, en mis sesiones y en mis libros, siempre hay un poso de rigor: somos lo que hacemos repetidamente, y eso incluye lo que metemos en nuestro cuerpo y el esfuerzo que le exigimos a nuestros músculos.

4. ¿POR QUÉ SOY TU "PROVOCADOR PROFESIONAL"?

Mi perfil operativo es directo. Soy Diamond Coach (GCF) y Master Coach (INACEC), pero en la práctica prefiero definirme como un mentor que no te va a decir lo que quieres oír. No soy tu madre, ni soy tu psicólogo (y dejo esto muy claro, pues mi enfoque es el Coaching, no la terapia clínica). Mi trabajo es despertarte.

- **Identidad:** Me gusta que me traten simplemente como Jose. Los títulos están para dar seguridad técnica, pero el valor real está en el mensaje y en el impacto que genero en tu vida.
- **Estilo:** Me encanta usar la ironía y el sarcasmo inteligente. Creo que una verdad dicha con un pequeño chiste entra mucho mejor que una lección pedante. Pero que el humor no te confunda: cuando hablamos de lo importante, la seriedad es absoluta.
- **Filosofía:** Mezclo la neurociencia (para saber cómo funciona el "hardware" de tu cerebro) con el estoicismo (para saber cómo gestionar el "software" de tus emociones). El resultado es un método práctico, sin mística barata y enfocado a resultados que puedas tocar con las manos.

5. CÓMO PODEMOS TRABAJAR JUNTOS

Mi base de operaciones física está en Asturias. Me encanta el trato directo, el café cara a cara y el trabajo sobre el terreno. Sin embargo, la tecnología me permite estar en cualquier rincón del mundo a través de la pantalla. Mi ecosistema digital está diseñado para que siempre tengas un punto de apoyo cuando las dudas te asalten.

Si sientes que el "juego" de este libro te ha abierto puertas que no sabes cómo cruzar, o si necesitas que sea yo quien te ayude a configurar tu propia "brújula interior", aquí tienes cómo localizarme:

- **Web Principal:** www.joseignaciomendez.com - Aquí tienes todo mi universo, desde el blog hasta el acceso a mi sala de videoconferencias.

6. UNA PROMESA FINAL

No te prometo que la vida será fácil si sigues mis métodos. Te prometo que estarás mejor equipado para cuando se ponga difícil. No te prometo que nunca más tendrás dudas. Te prometo que, cuando las tengas, sabrás qué preguntas hacerte para encontrar la salida.

Gracias por confiar en mis palabras y por permitirme ser parte de tu proceso de crecimiento. Ha sido un honor acompañarte en este tablero. Recuerda que la partida no termina nunca, pero ahora, al menos, eres tú quien tiene el mando en la mano.

Nos vemos en la arena, o quizá en alguna sesión online. Hasta entonces, piensa, decide y, sobre todo, actúa.

Jose Ignacio Méndez *Diamond Coach & Autor*

BIBLIOGRAFÍA RECOMENDADA

Aquí tienes la selección definitiva de las obras que han servido de cimiento para este libro. No están aquí por rellenar páginas ni para que parezca que he leído mucho; están aquí porque cada una de ellas contiene una verdad incómoda o una herramienta técnica que, si la asimilas, te hará mucho más difícil de engañar.

He seguido el formato académico habitual en España y les he añadido mi "toque" personal para que sepas a qué te enfrentas antes de comprarlos.

BIBLIOGRAFÍA: LAS FUENTES DE LA BRÚJULA

1. **Aurelio, M. (2014). *Meditaciones*. Madrid: Alianza Editorial.** Es el diario privado de un emperador romano que no quería serlo. No lo escribió para ti, lo escribió para él, y esa es su magia. Es el manual definitivo sobre cómo mantener la cabeza fría cuando todo el mundo a tu alrededor está perdiendo la suya. Imprescindible.

2. **Castilla del Pino, C. (2000).** *Teoría de los sentimientos.* **Barcelona: Tusquets Editores.** Si quieres entender por qué sientes lo que sientes de forma quirúrgica, lee a Castilla. No es una lectura ligera para la playa, pero te aseguro que después de él, dejarás de llamar "amor" o "miedo" a cosas que no lo son. Rigor puro.
3. **Clear, J. (2020).** *Hábitos atómicos.* **Barcelona: Paidós.** James Clear explica como nadie que el éxito no es un evento heroico, sino una aburrida sucesión de pequeñas decisiones diarias. Si quieres dejar de confiar en la motivación (que es una traidora) y empezar a confiar en tu sistema, este es tu libro.
4. **Csikszentmihalyi, M. (2012).** *Fluir (Flow).* **Barcelona: Kairós.** ¿Sabes esos momentos en los que el tiempo desaparece porque estás totalmente absorto en lo que haces? Este autor te explica cómo entrar ahí a voluntad. Fundamental para ser productivo sin terminar quemado.
5. **Duhigg, C. (2012).** *El poder de los hábitos.* **Barcelona: Urano.** Aclara la estructura neurológica de la costumbre: señal, rutina y recompensa. Si no entiendes este bucle, estás condenado a repetir tus errores de siempre por puro automatismo cerebral.
6. **Epicteto (2015).** *Enquiridión: Manual de vida.* **Madrid: Errata Naturae.** Es el "padre" de la dicotomía del control. Si te agobias por lo que la gente dice de ti o por el tráfico, léelo. Te dará un bofetón de realidad y te recordará que solo tú tienes la llave de tu tranquilidad.

7. **Frankl, V. (2015).** *El hombre en busca de sentido.* **Barcelona: Herder.** Escrito por un psiquiatra que sobrevivió a los campos de concentración nazis. Si él pudo encontrar una razón para elegir su actitud en aquel infierno, tú no tienes excusa para no elegir la tuya un lunes por la mañana.

8. **Goleman, D. (1995).** *Inteligencia emocional.* **Barcelona: Kairós.** El libro que nos recordó que ser un genio en matemáticas no sirve de nada si no sabes gestionar un enfado o una frustración. Cambió las reglas del juego profesional para siempre.

9. **Grant, A. (2021).** *Piénsalo otra vez.* **Barcelona: Paidós.** Adam Grant nos enseña que el poder no está en lo que sabes, sino en la capacidad de desaprender lo que ya no sirve. Ideal para los que somos un poco cabezones y nos cuesta cambiar de opinión.

10. **Haidt, J. (2006).** *La hipótesis de la felicidad.* **Barcelona: Gedisa.** Usa la metáfora del jinete y el elefante para explicar por qué nuestra razón (el jinete) a veces no puede controlar a nuestras emociones (el elefante). Un mapa magistral sobre el comportamiento humano.

11. **Holiday, R. (2016).** *El obstáculo es el camino.* **Barcelona: Gestión 2000.** Ryan Holiday ha modernizado el estoicismo para el siglo XXI. Te enseña que los problemas no están ahí para frenarte, sino para ser el combustible de tu crecimiento. Directo y al grano.

12. **Holiday, R. (2019).** *El ego es el enemigo.* **Barcelona: Paidós.** Un libro que debería ser obligatorio. Te explica cómo tu propio orgullo es el que te impide aprender, pedir ayuda o reconocer un error a tiempo. Un golpe de humildad necesario.
13. **Kahneman, D. (2012).** *Pensar rápido, pensar despacio.* **Barcelona: Debate.** Si quieres saber cómo tu cerebro te engaña con sesgos y atajos mentales, este es tu libro. Daniel Kahneman es Premio Nobel, pero escribe para que lo entendamos tú y yo. Oro puro para tomar decisiones.
14. **McKeown, G. (2015).** *Esencialismo.* **Madrid: Empresa Activa.** En un mundo que nos pide hacerlo todo, este autor nos pide hacer solo lo que importa. El arte de hacer menos, pero mejor. Si te sientes desbordado, léelo ya.
15. **Newport, C. (2017).** *Enfócate (Deep Work).* **Barcelona: Paidós.** ¿Quieres ser un profesional de élite en la era de las distracciones? Cal Newport te enseña a trabajar con una profundidad que hoy en día es casi un superpoder. Sin distracciones, sin tonterías.
16. **Punset, E. (2006).** *El alma está en el cerebro.* **Madrid: Aguilar.** Eduardo Punset fue un maestro acercando la neurociencia al gran público. Este libro te ayudará a entender la "máquina" que llevas sobre los hombros y por qué a veces hace cosas tan raras.
17. **Sacks, O. (1985).** *El hombre que confundió a su mujer con un sombrero.* **Barcelona: Anagrama.** Relatos clínicos que

parecen ciencia ficción pero que son reales. Te enseña lo frágil que es nuestra percepción de la realidad y lo asombroso que es el cerebro humano para adaptarse.

18. **Schwartz, B. (2005).** *La paradoja de la elección.* **Barcelona: Taurus.** Explica por qué tener demasiadas opciones (en el súper, en Netflix o en la vida) nos hace infelices y nos paraliza. Un análisis brutal sobre la ansiedad de la libertad moderna.

19. **Séneca, L. A. (2013).** *De la brevedad de la vida.* **Madrid: Alianza Editorial.** Escrito hace dos mil años y parece que se publicó ayer. Séneca te dice a la cara que la vida no es corta, sino que tú la desperdicias en bobadas. Una lectura obligatoria cada seis meses.

20. **Taleb, N. (2008).** *El cisne negro.* **Barcelona: Paidós.** Sobre cómo lo imprevisible domina el mundo y lo mal preparados que estamos para ello. Nassim Taleb te enseña a desconfiar de los expertos que dicen saber qué pasará mañana. Estrategia pura ante el caos.

Con esta lista tienes gasolina para años de reflexión. No hace falta que los leas todos a la vez; elige el que más te "pique" ahora mismo y empieza por ahí. Como siempre te digo, el valor no está en acumular libros en la estantería, sino en aplicar lo que dicen sus páginas a tu realidad diaria.

¡Que disfrutes de la lectura!

www.ingramcontent.com/pod-product-compliance
Lightning Source LLC
LaVergne TN
LVHW051953060526
838201LV00059B/3619